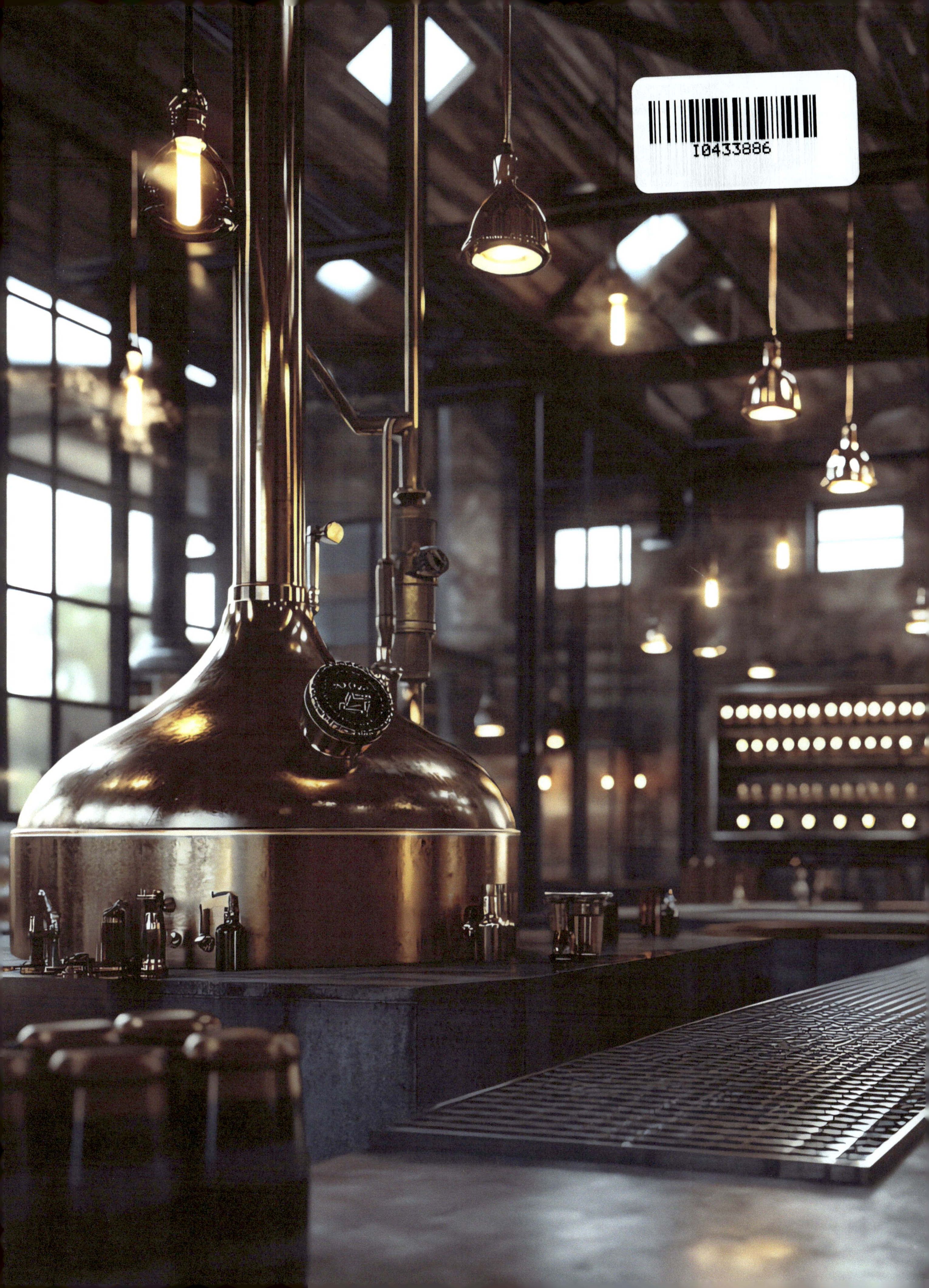

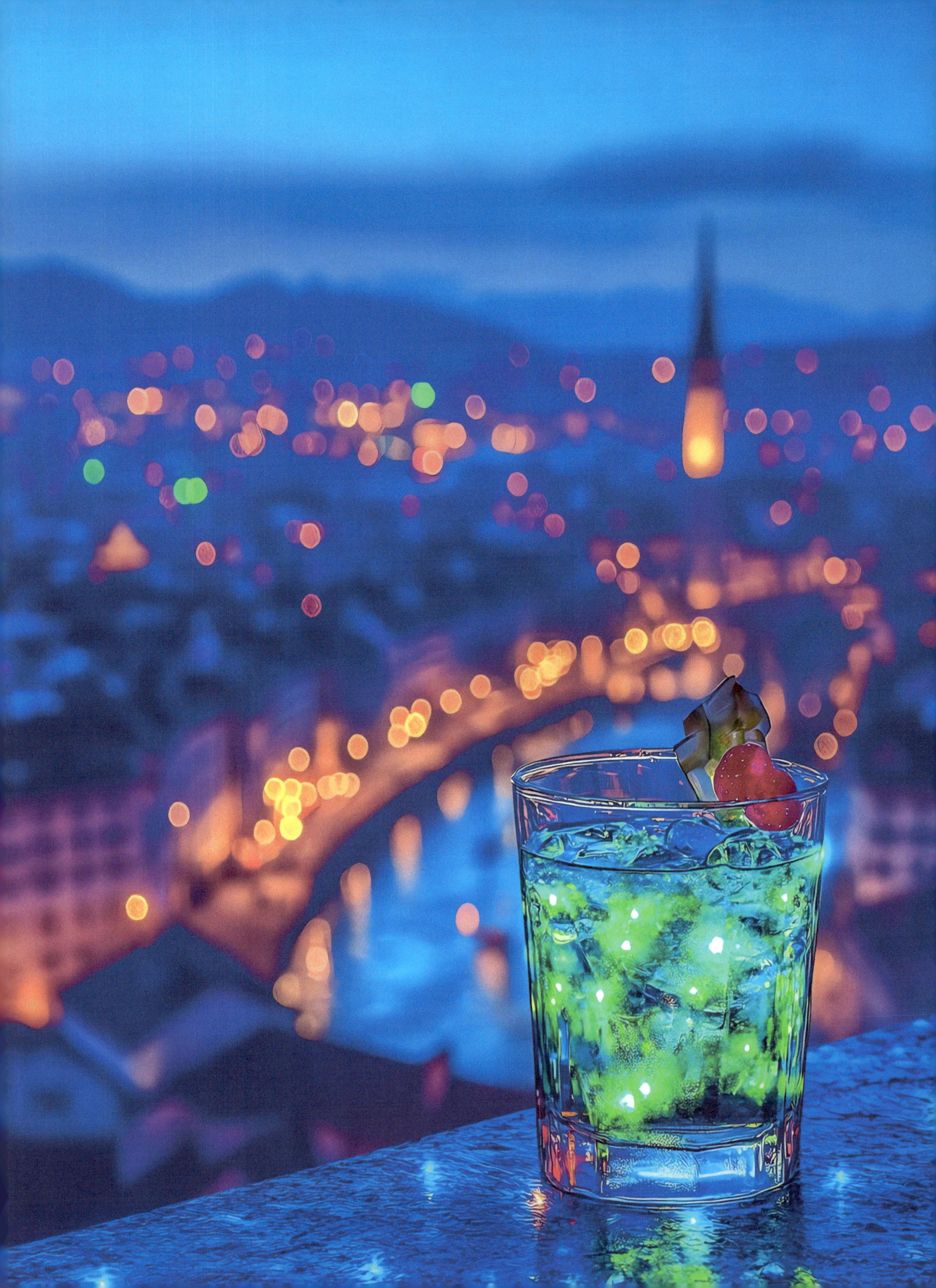

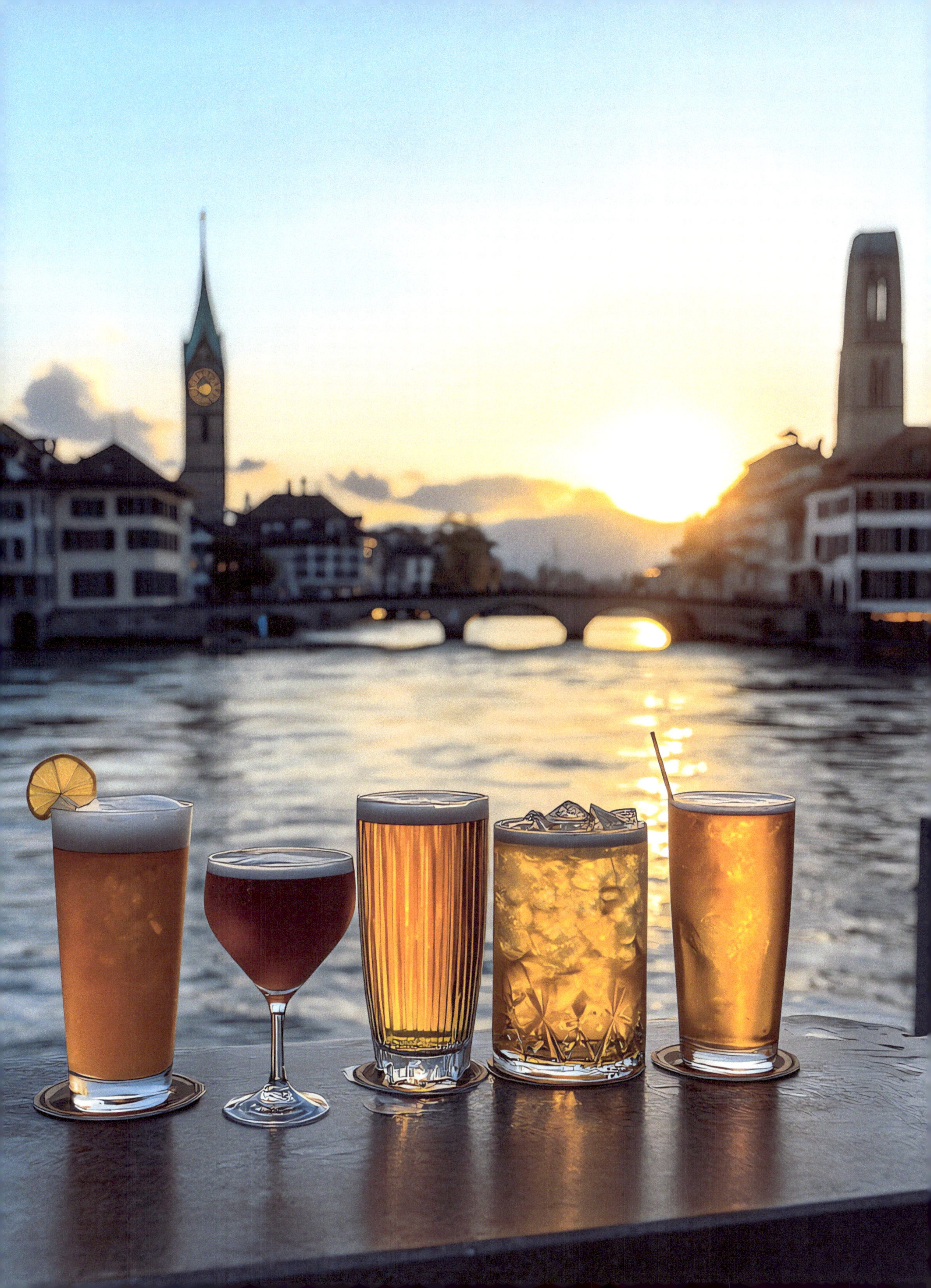

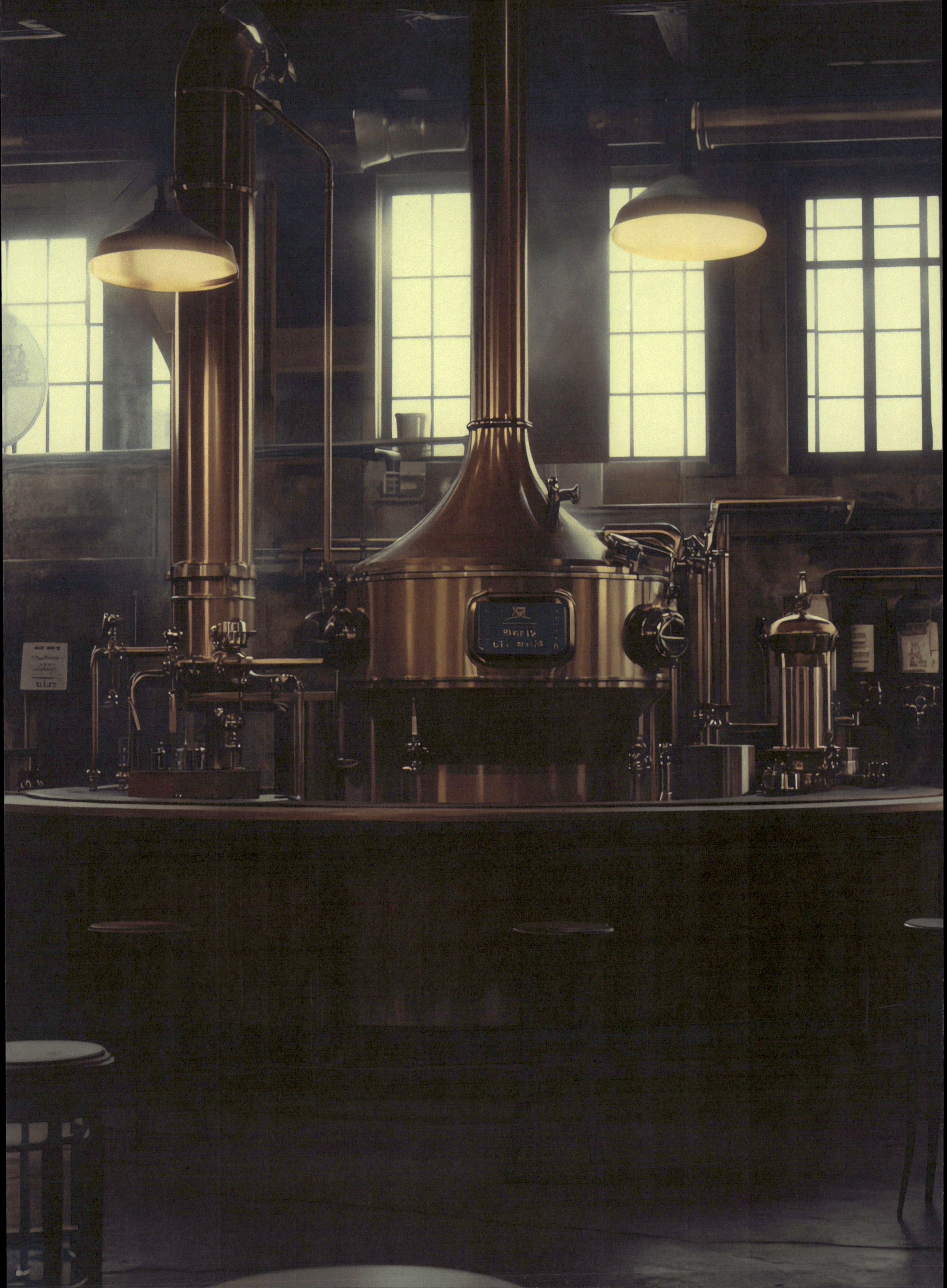

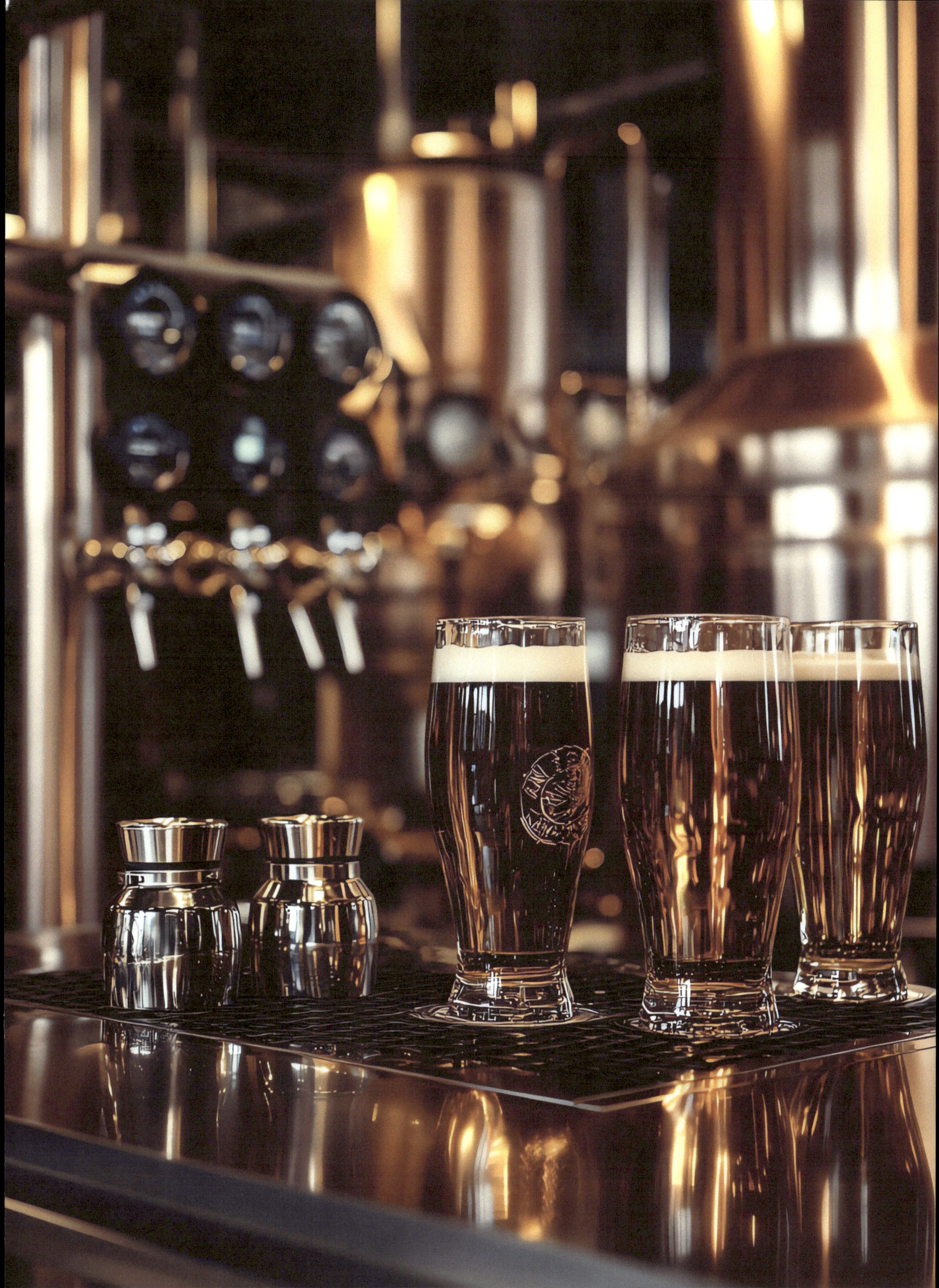

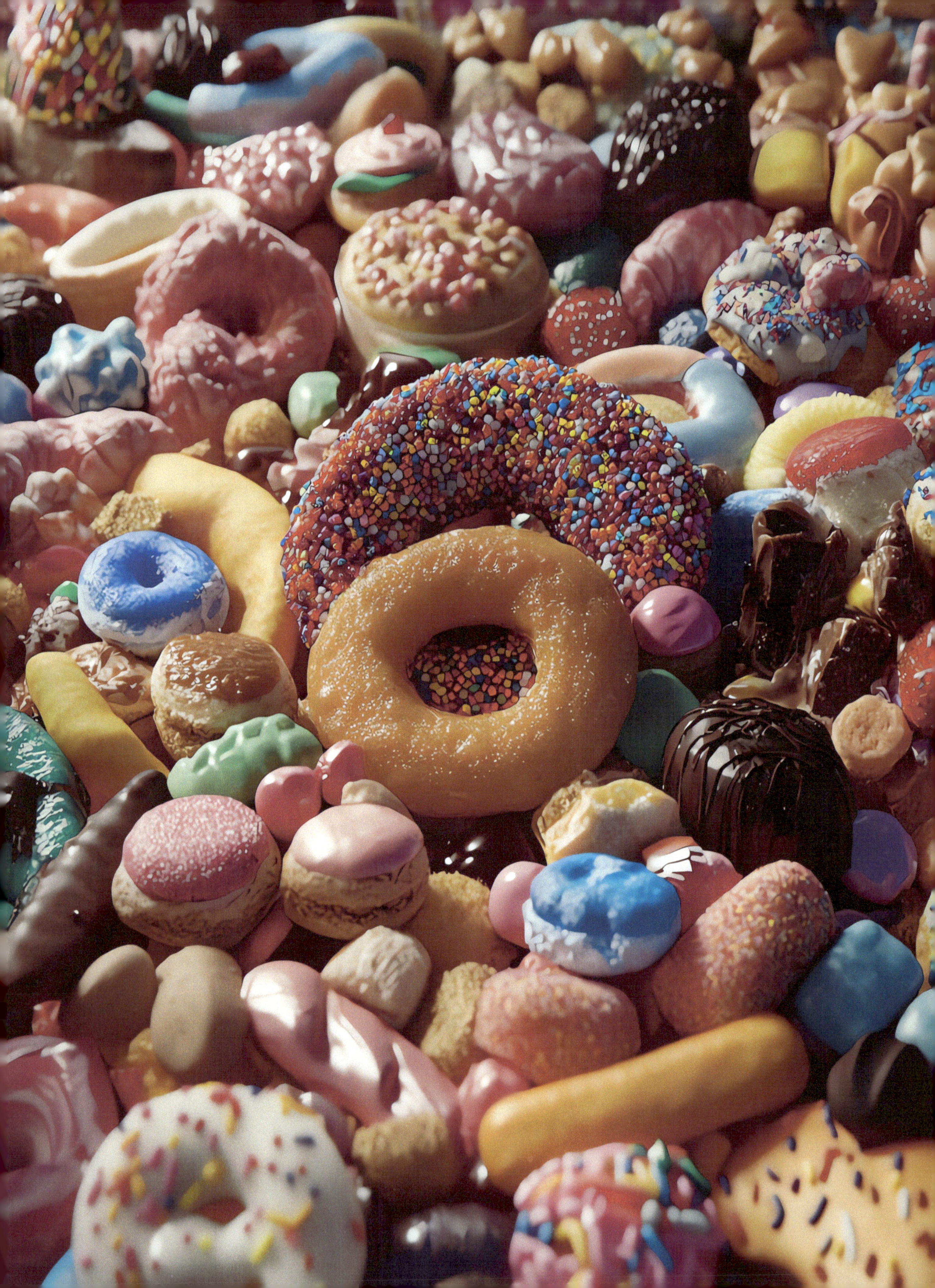

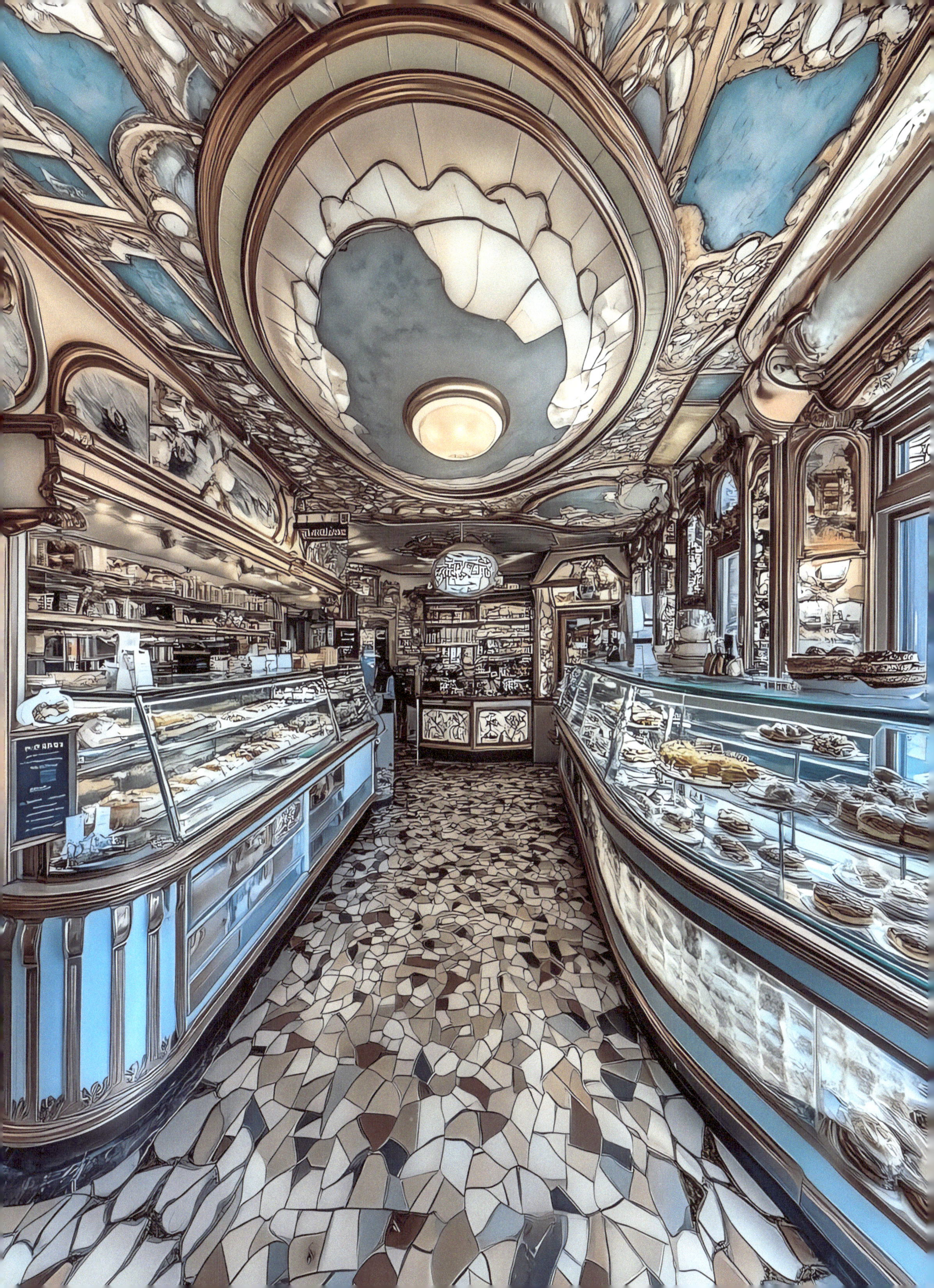

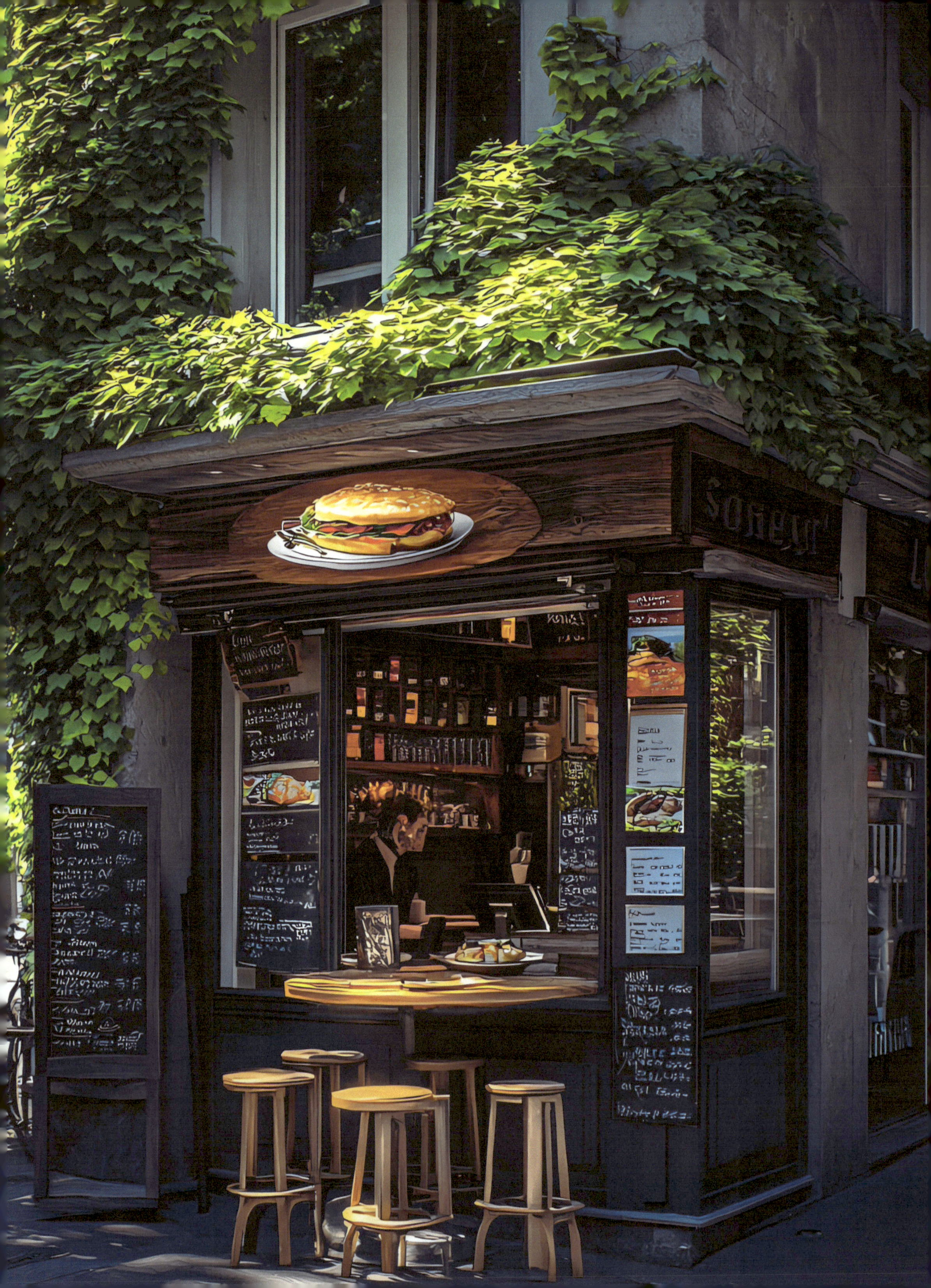

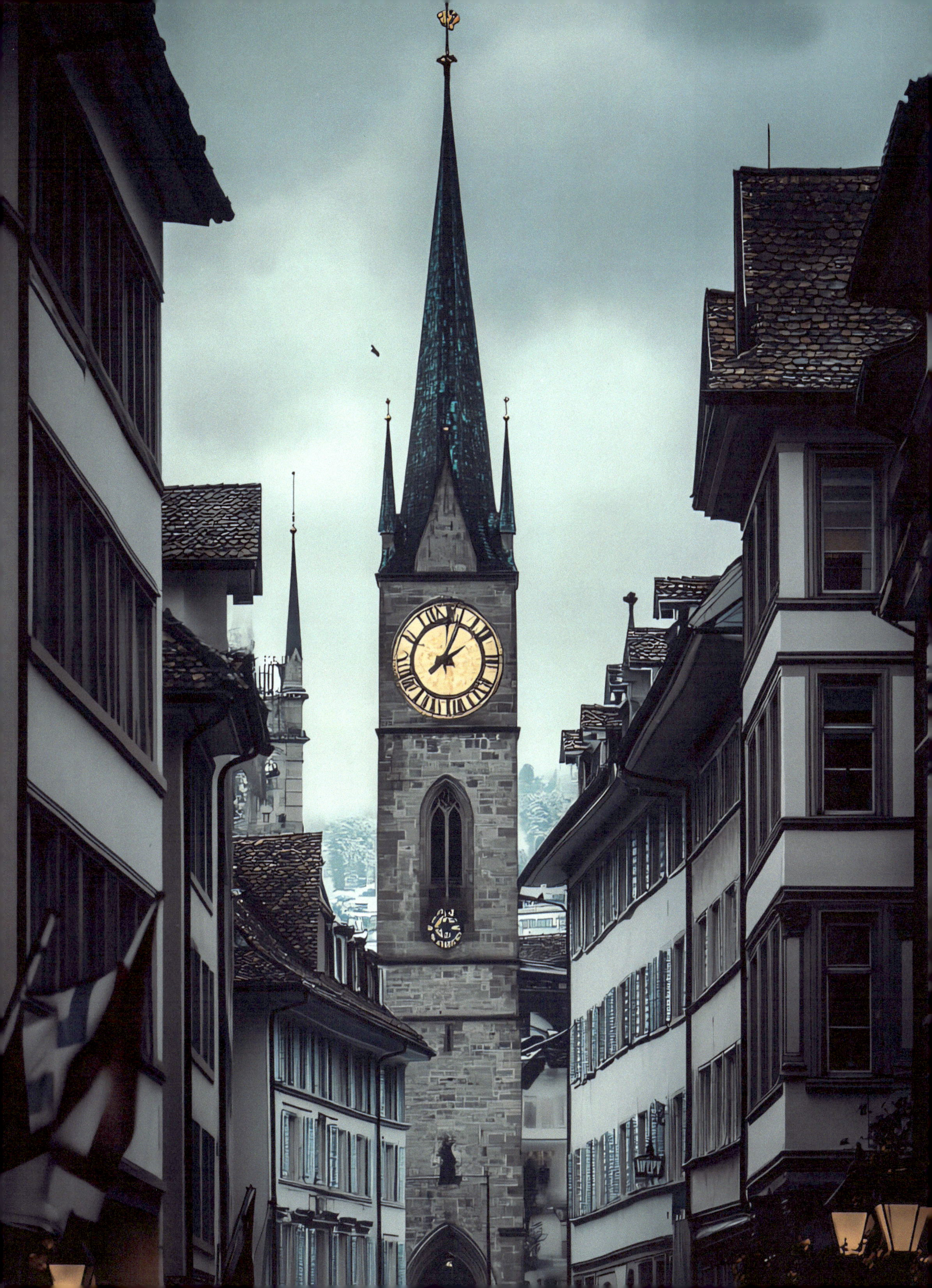

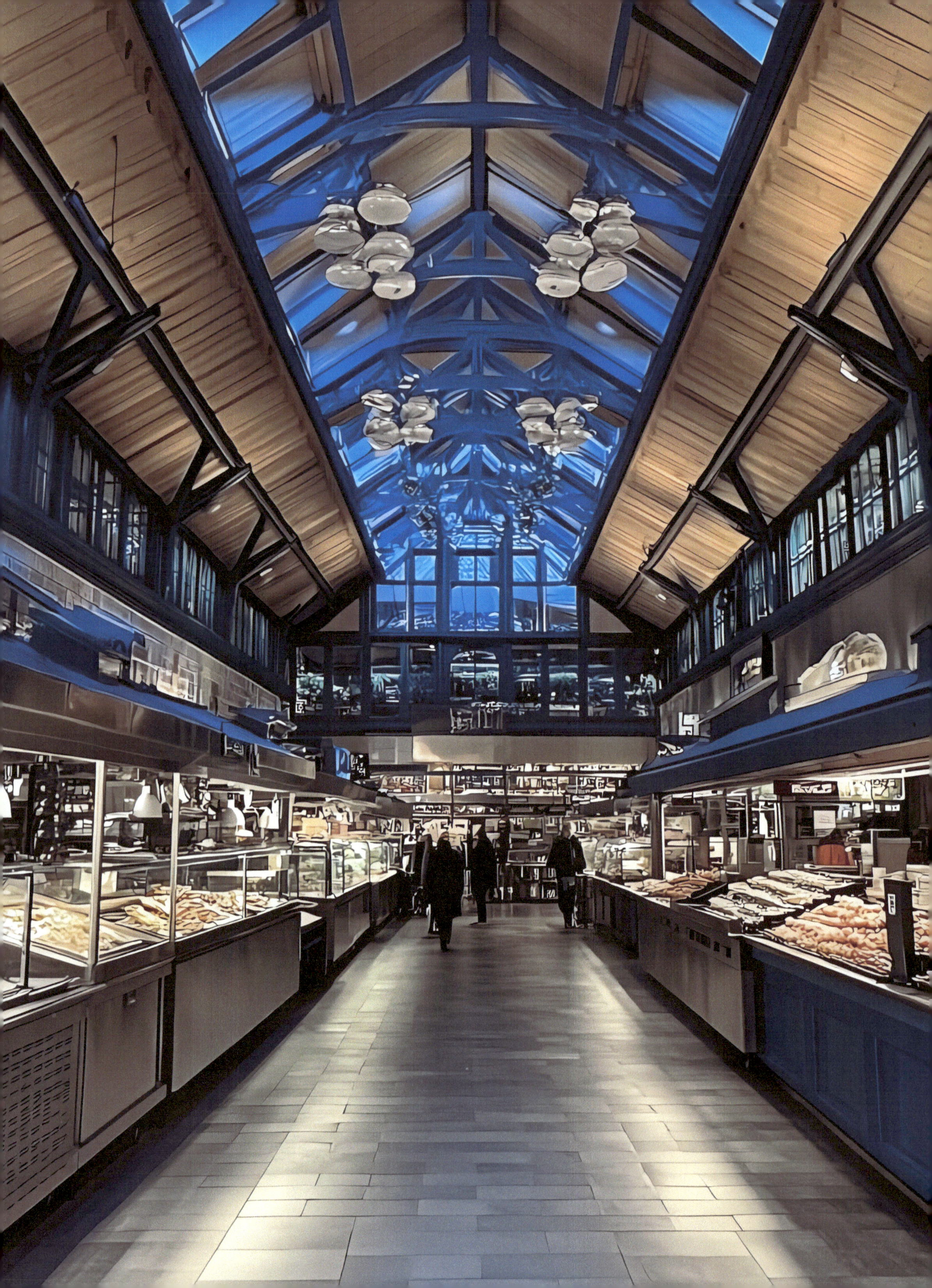

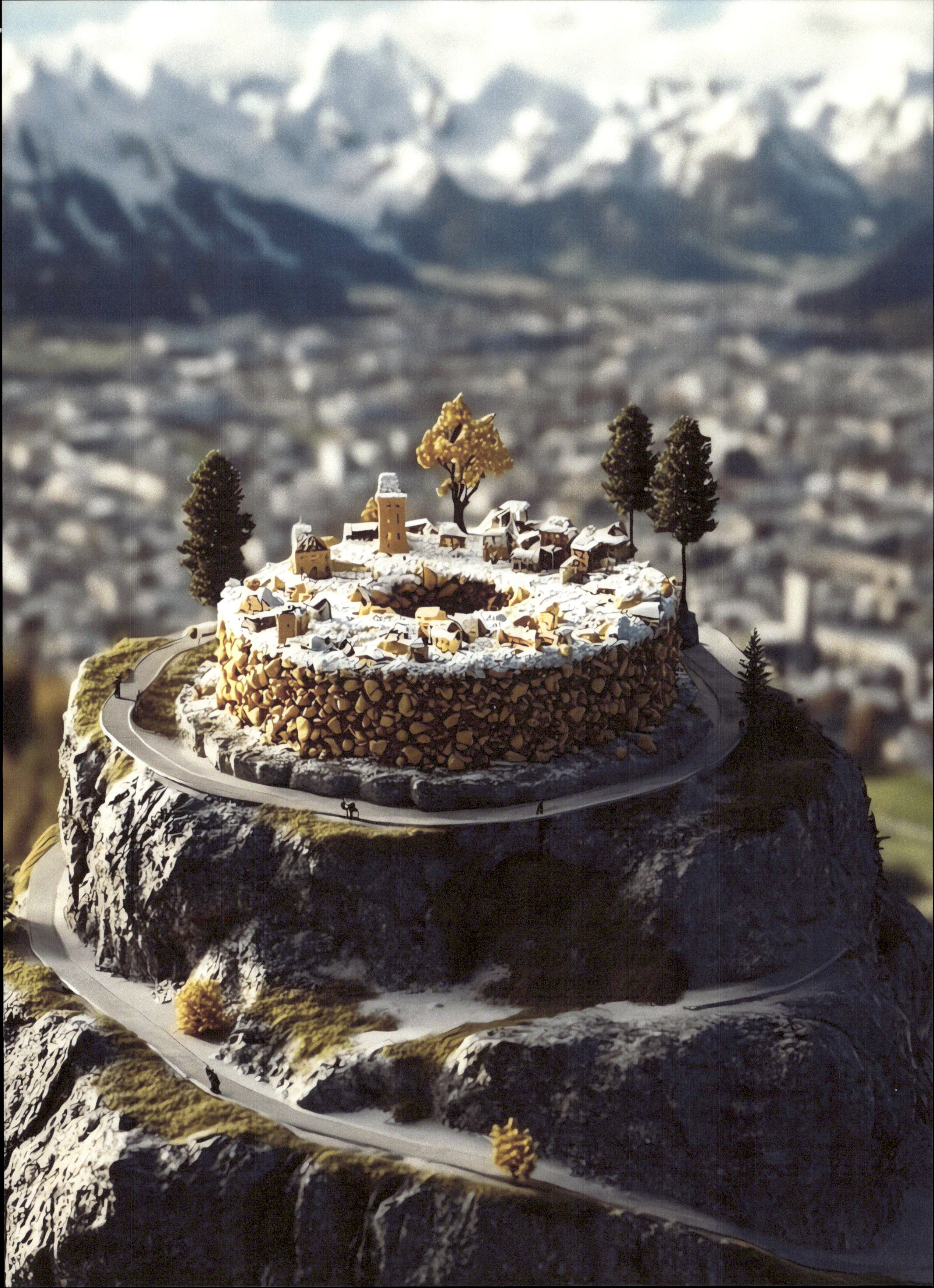

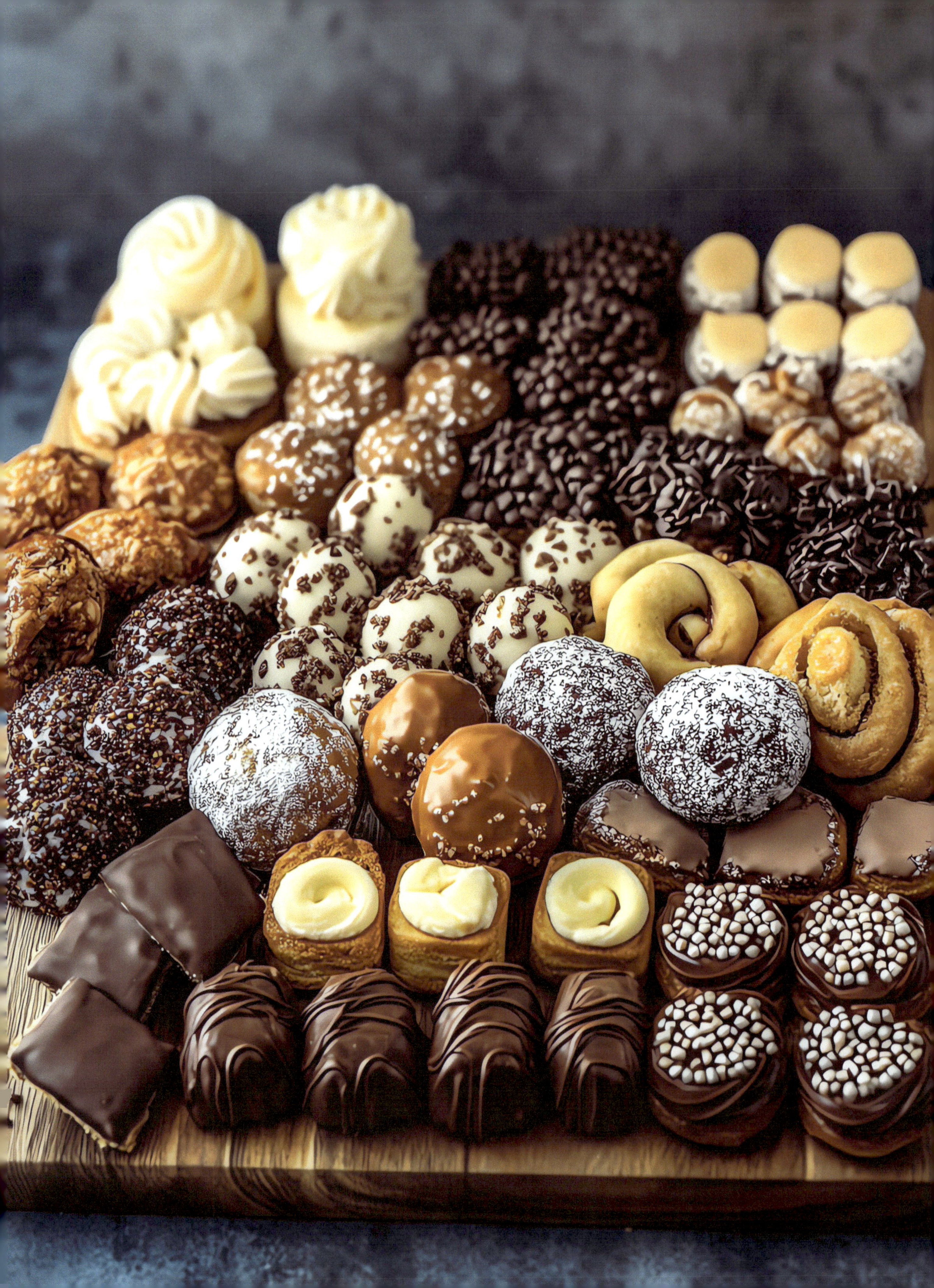

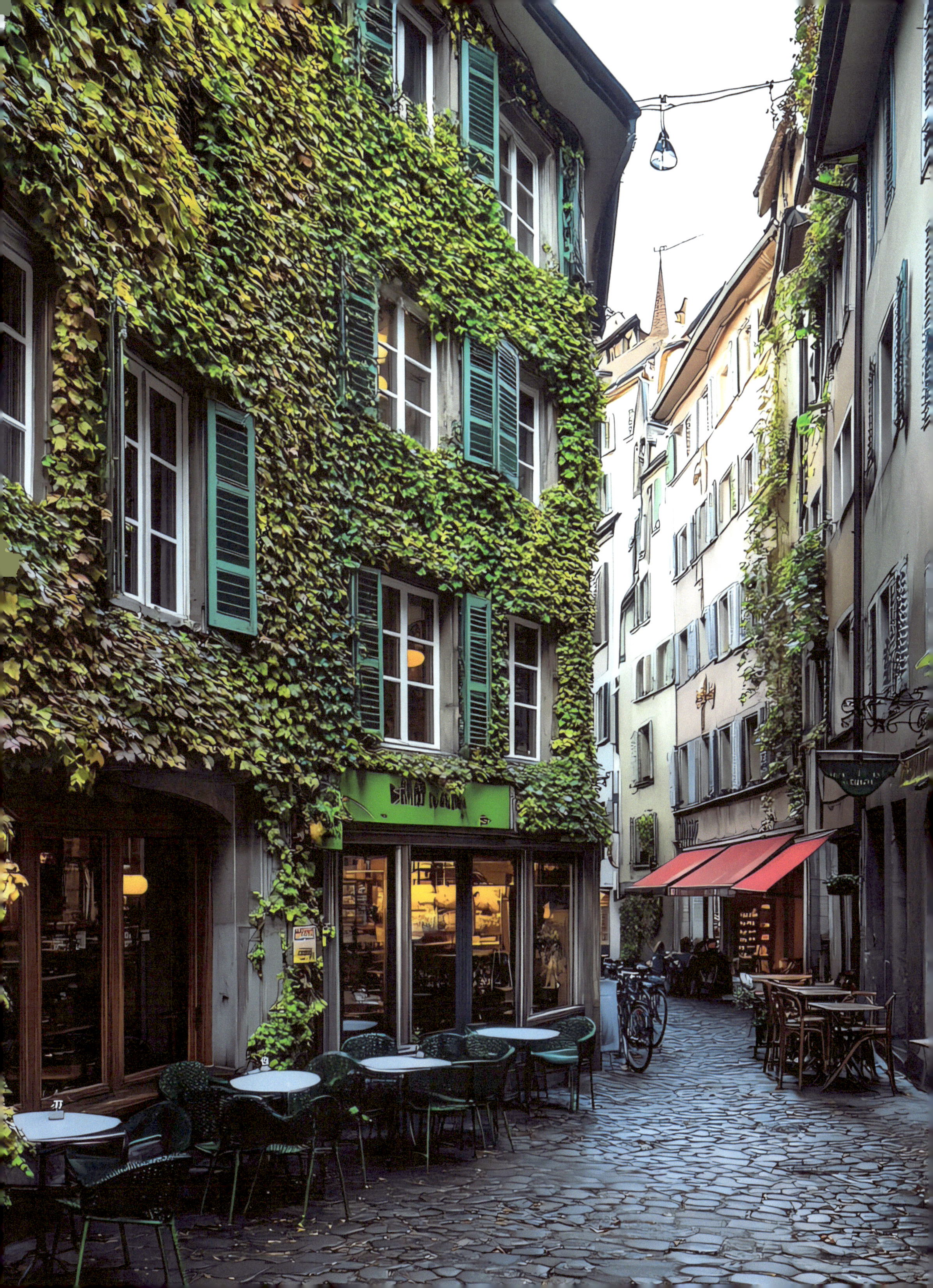

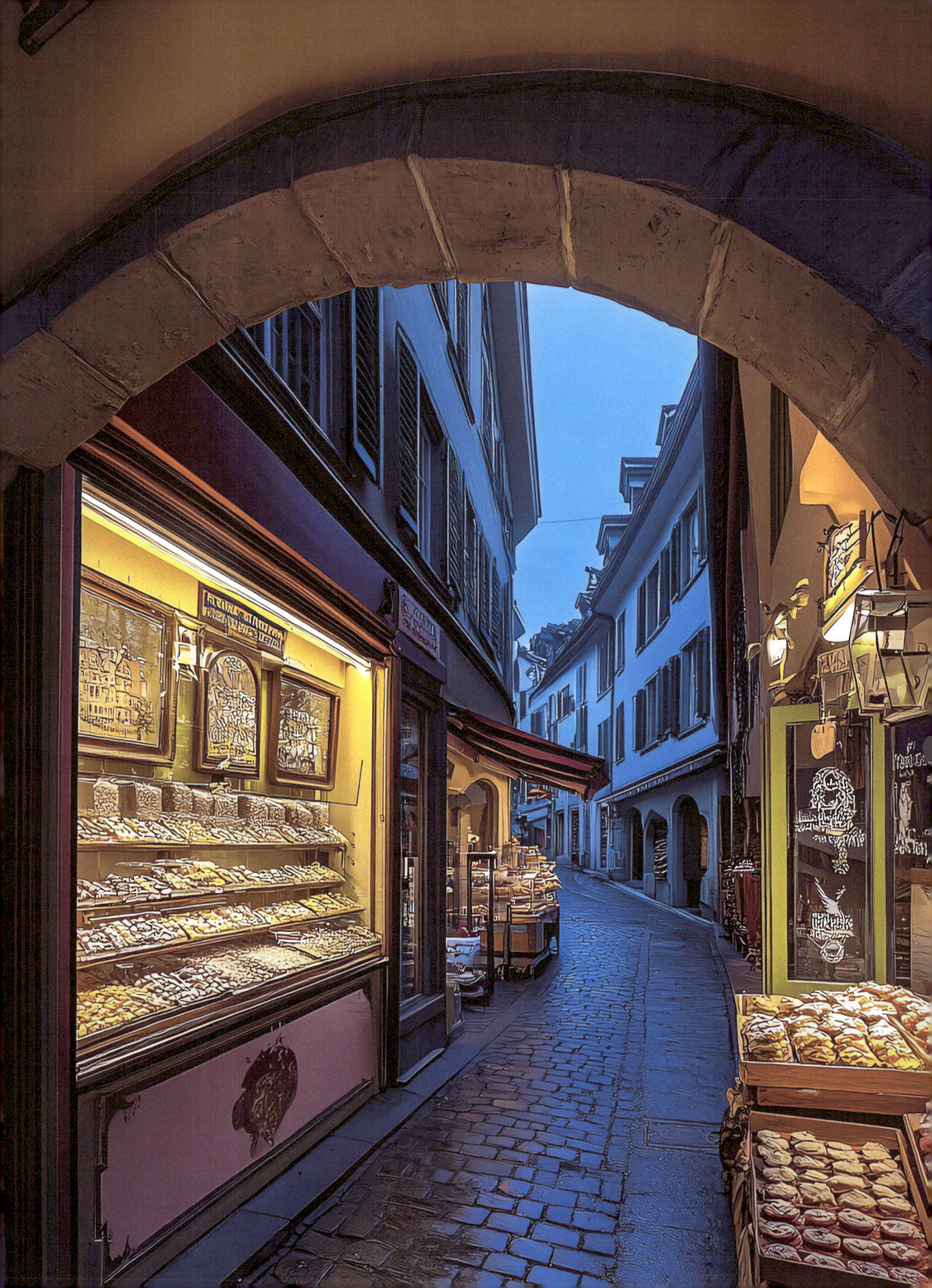

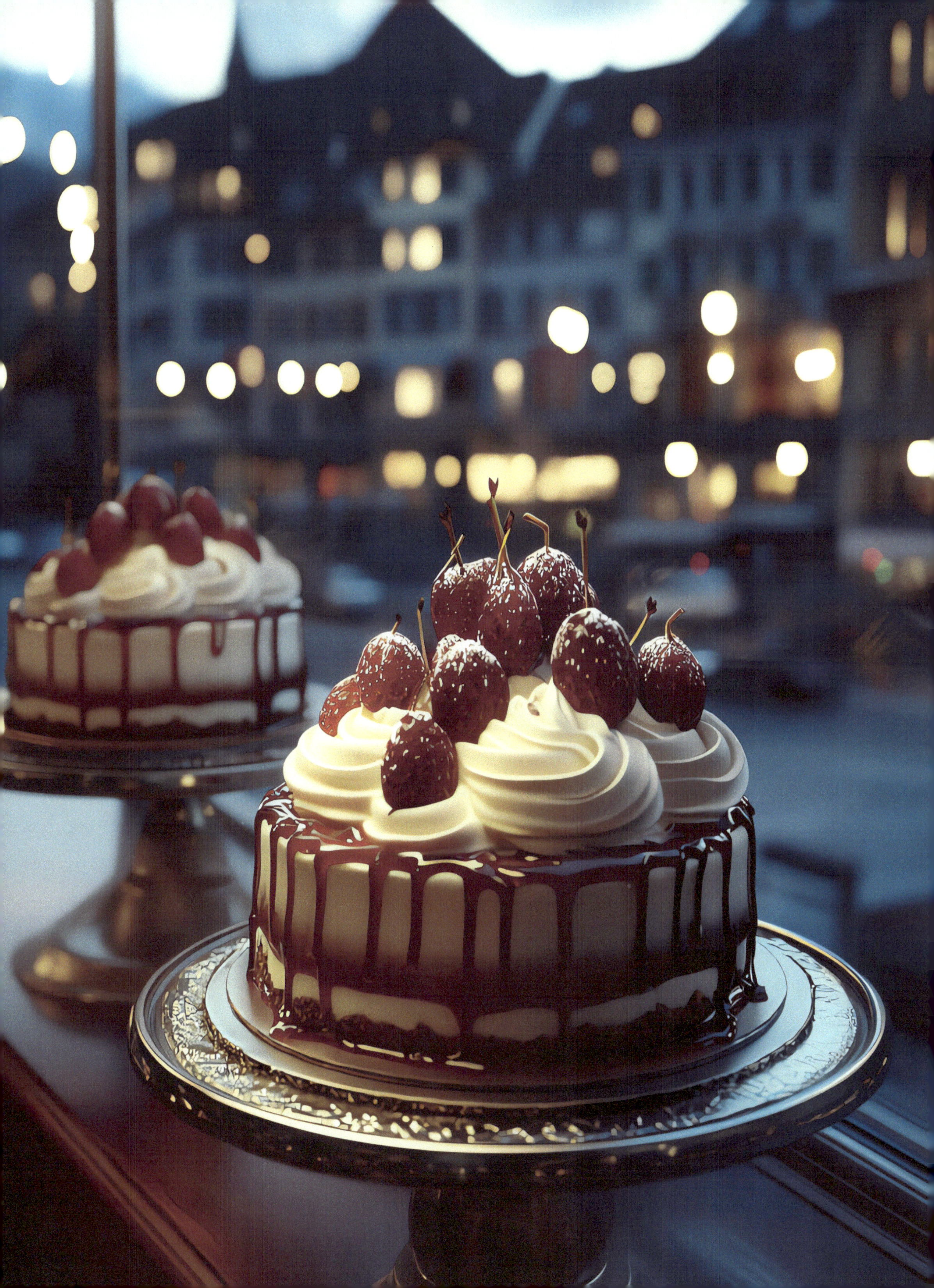

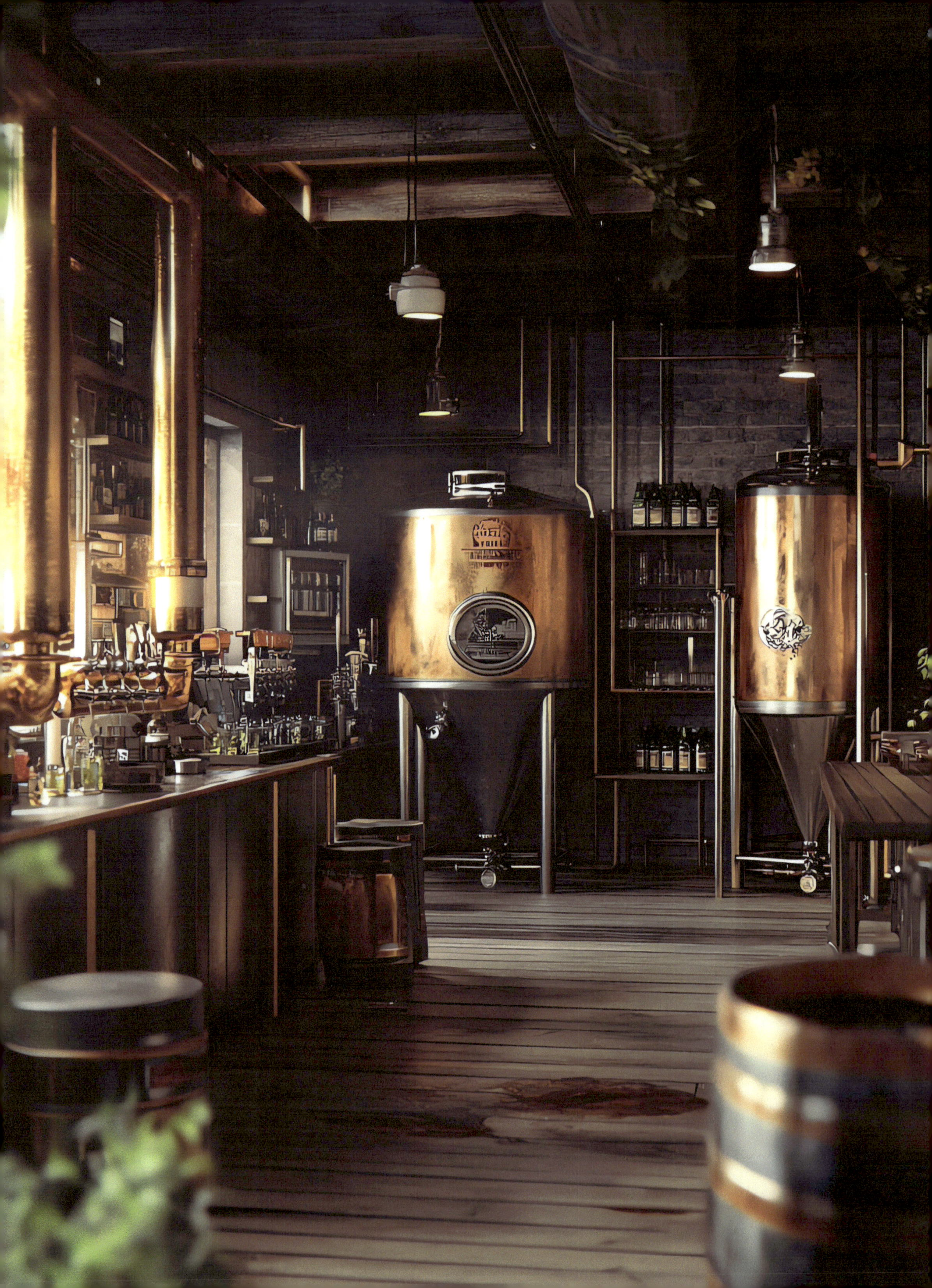

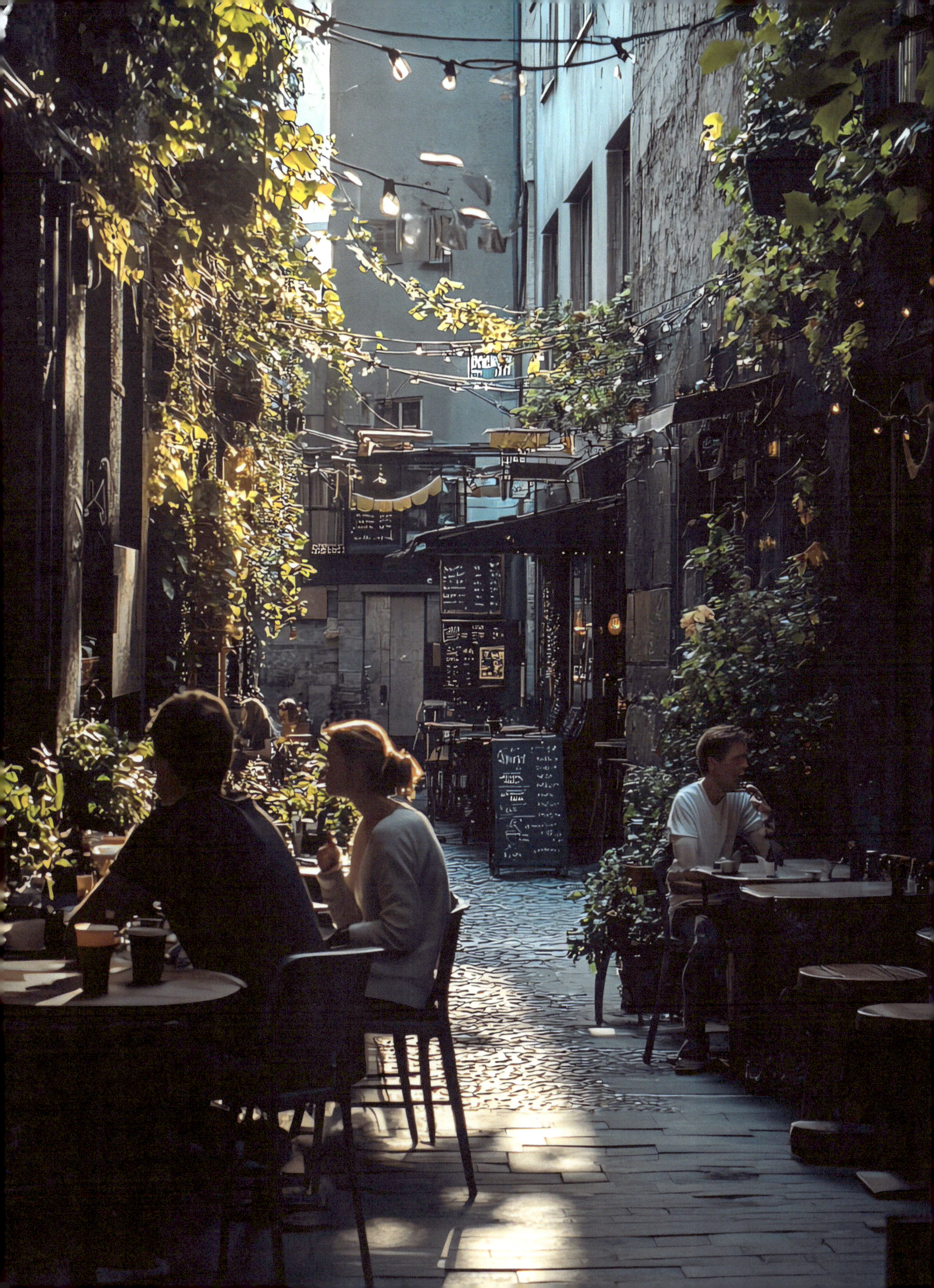

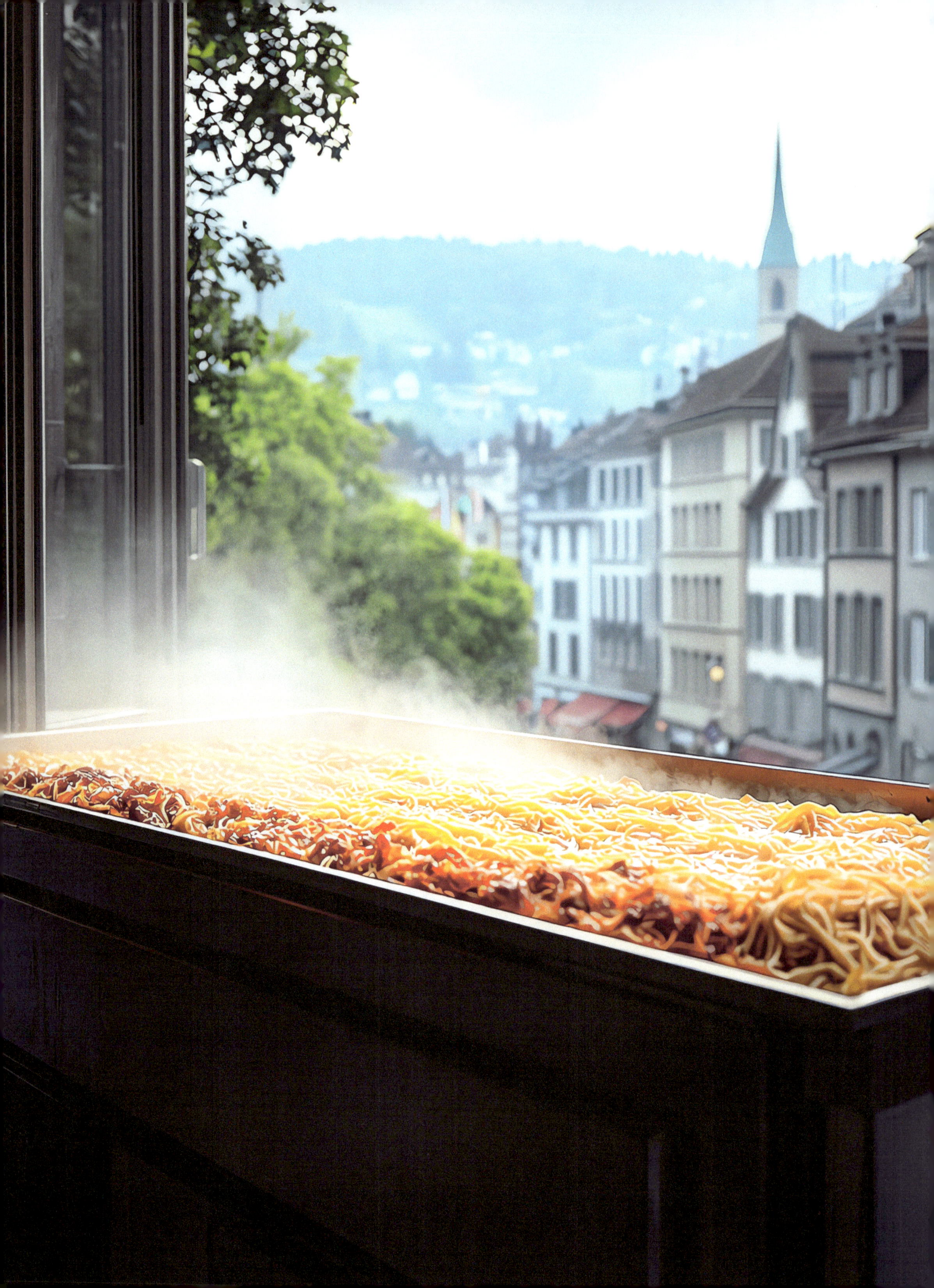

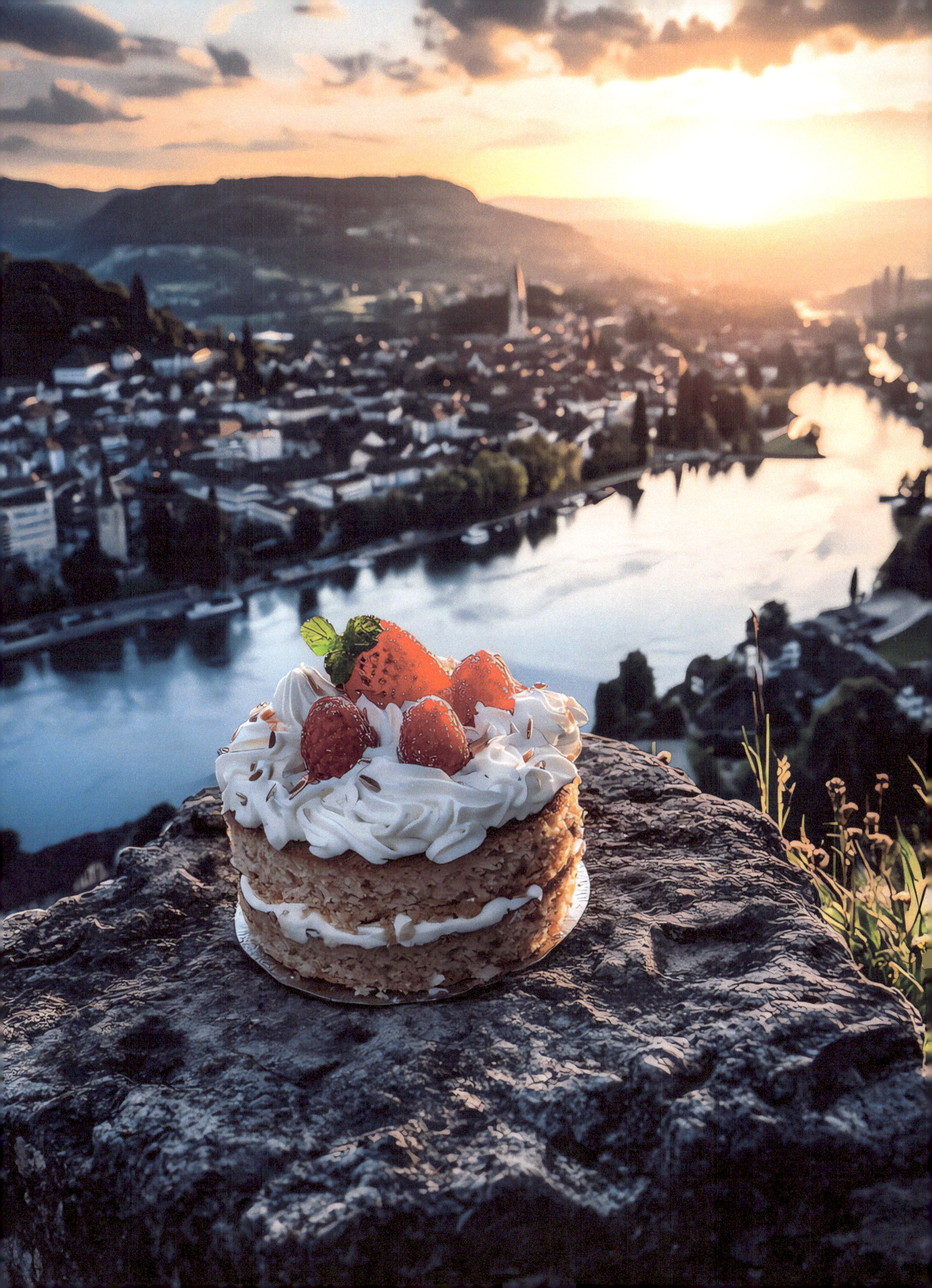

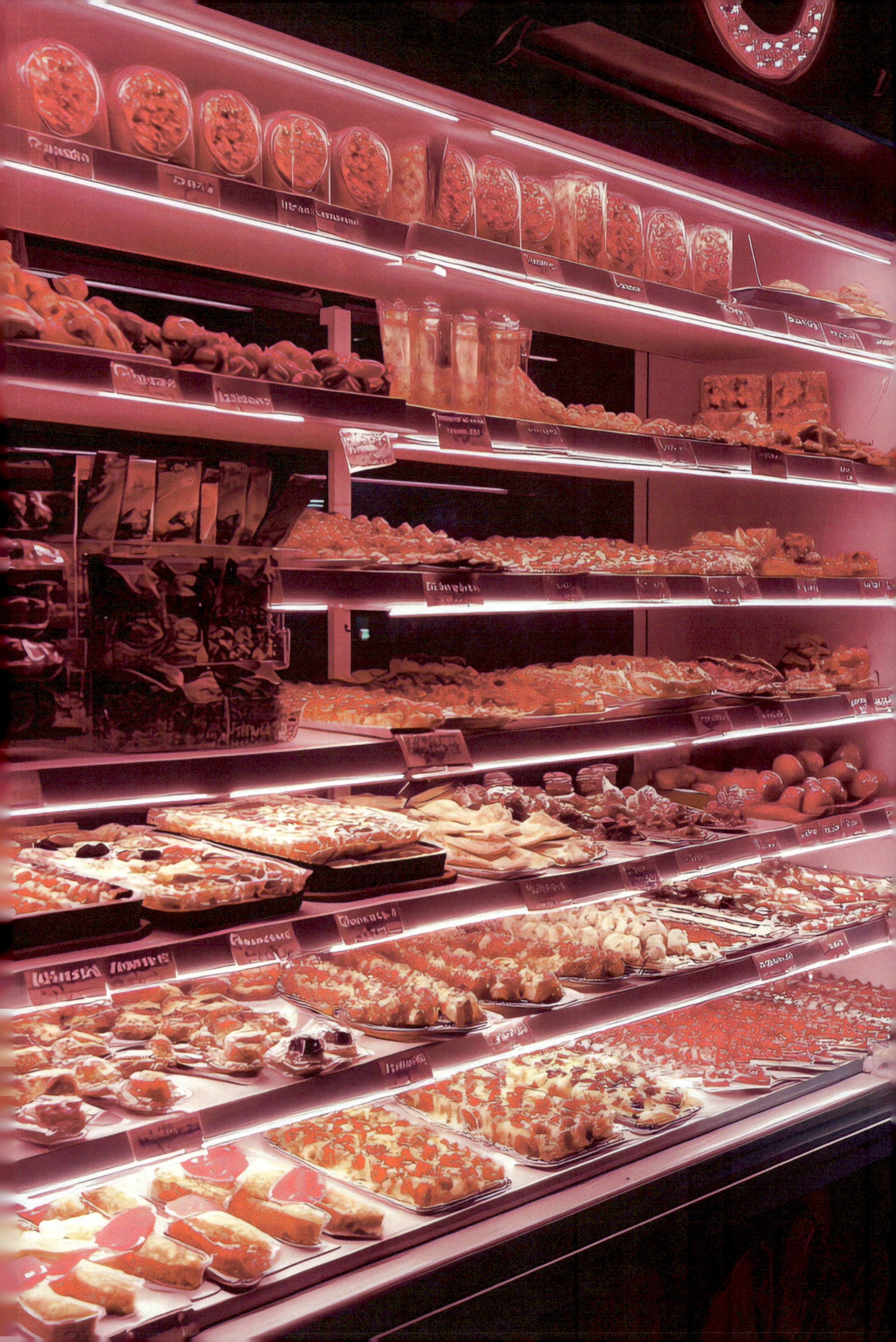

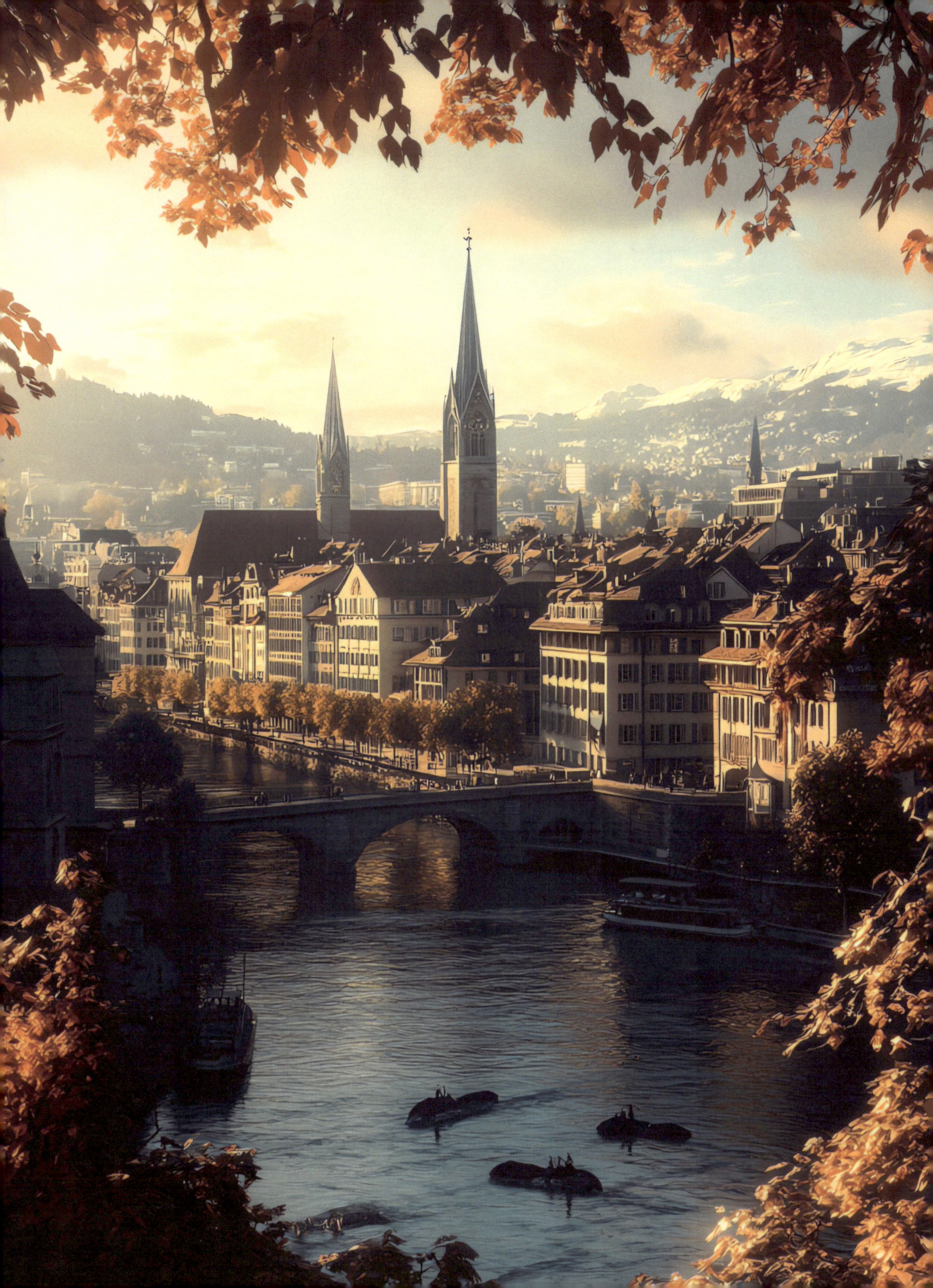

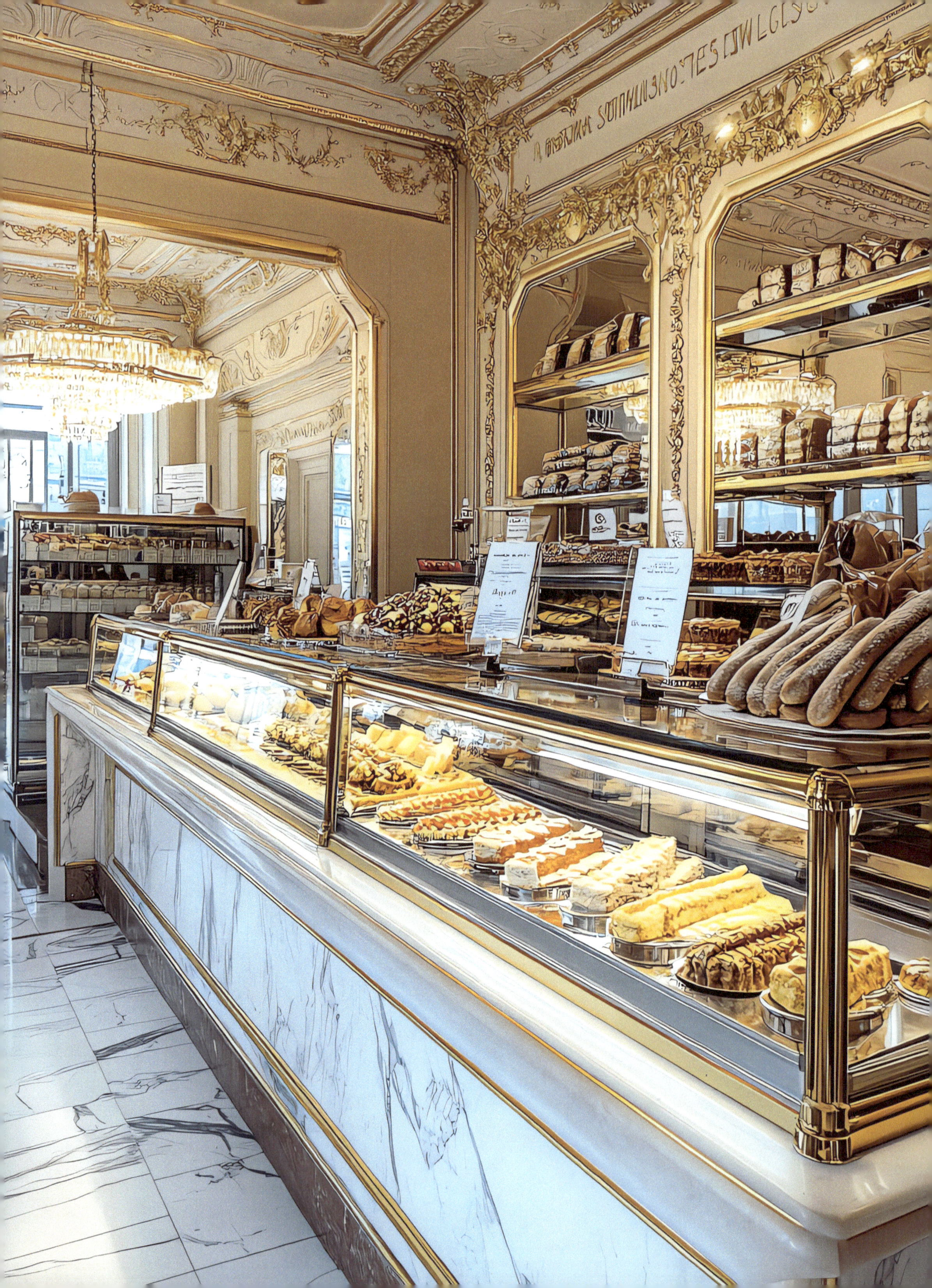

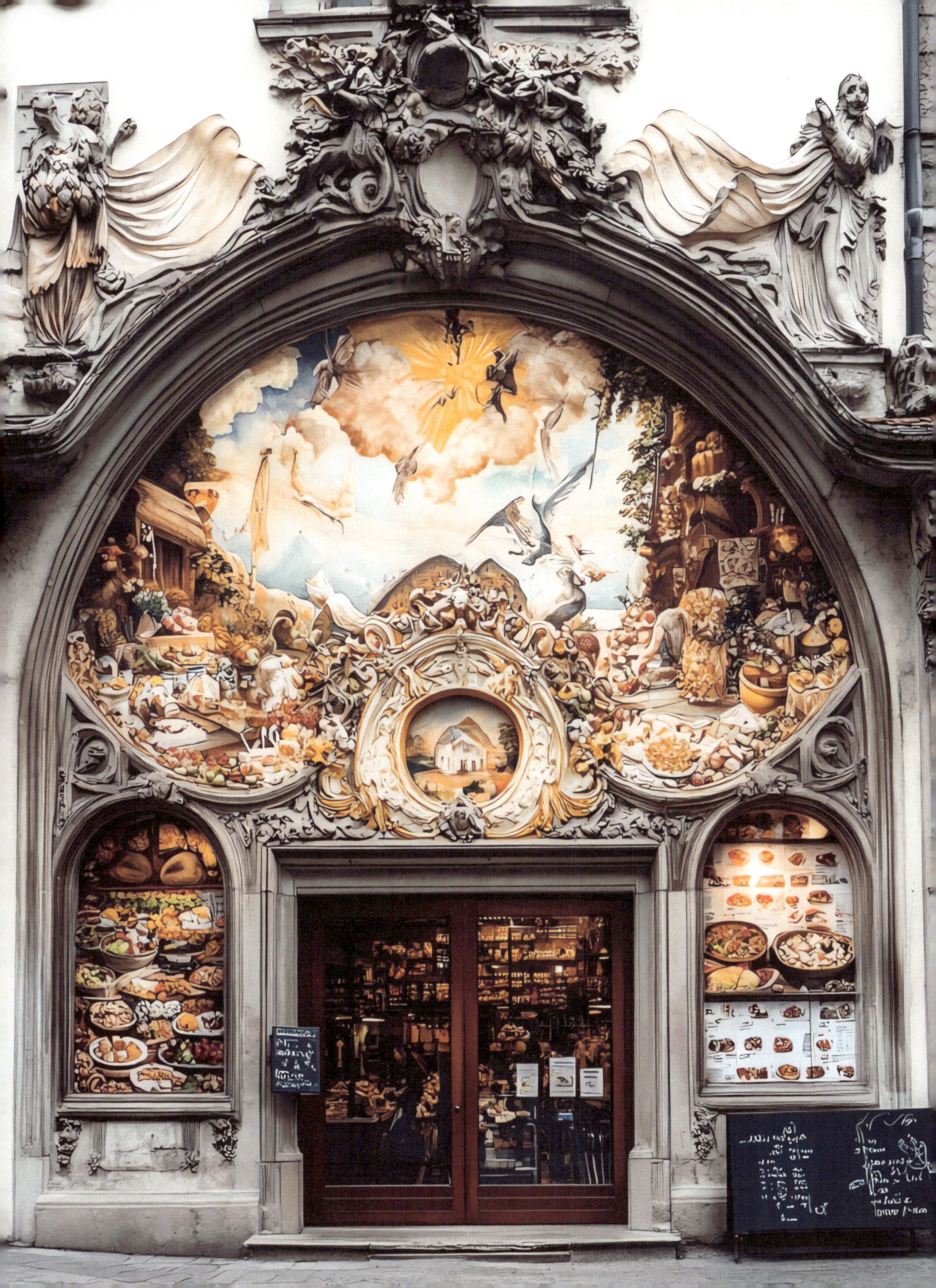

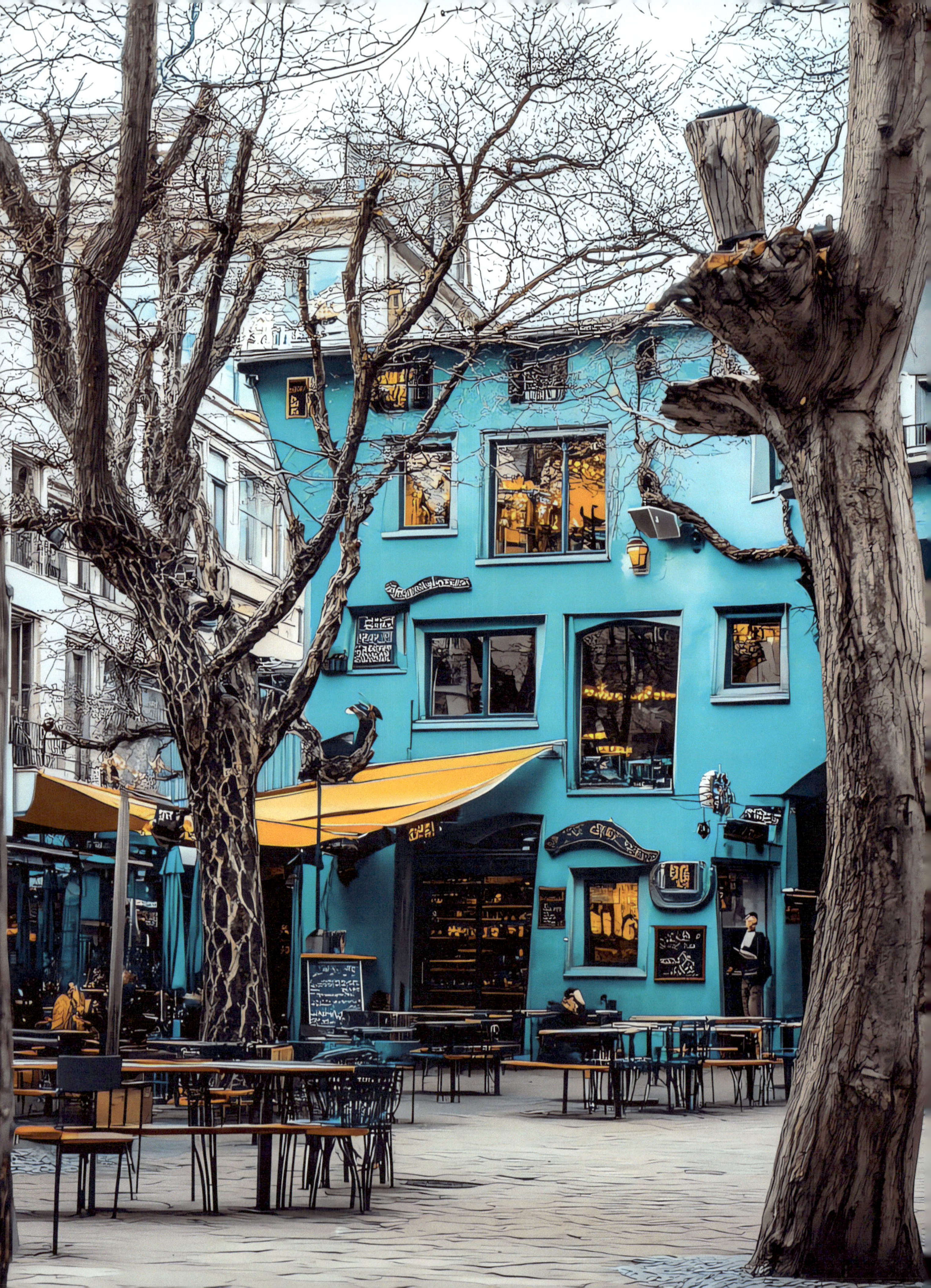

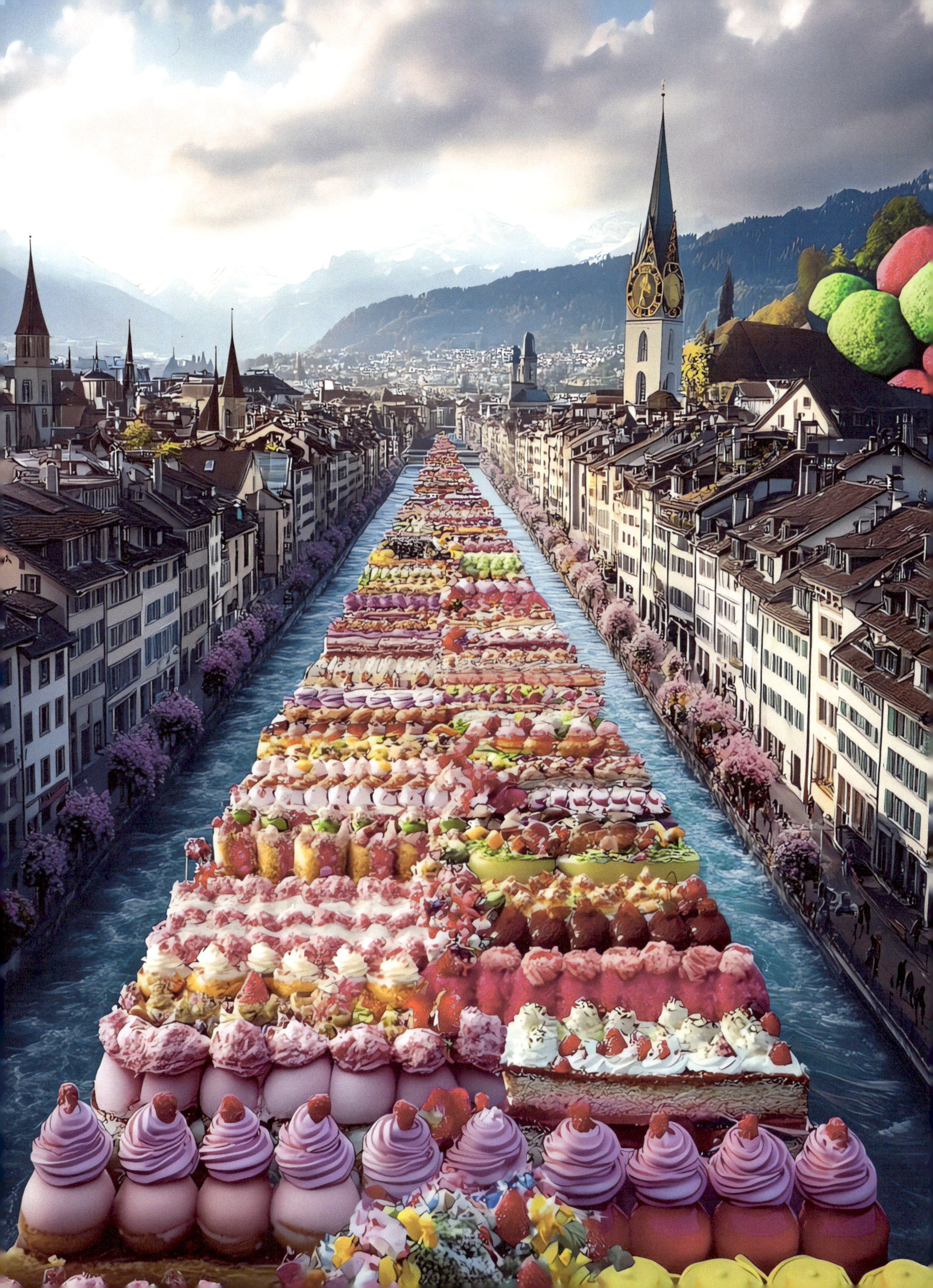

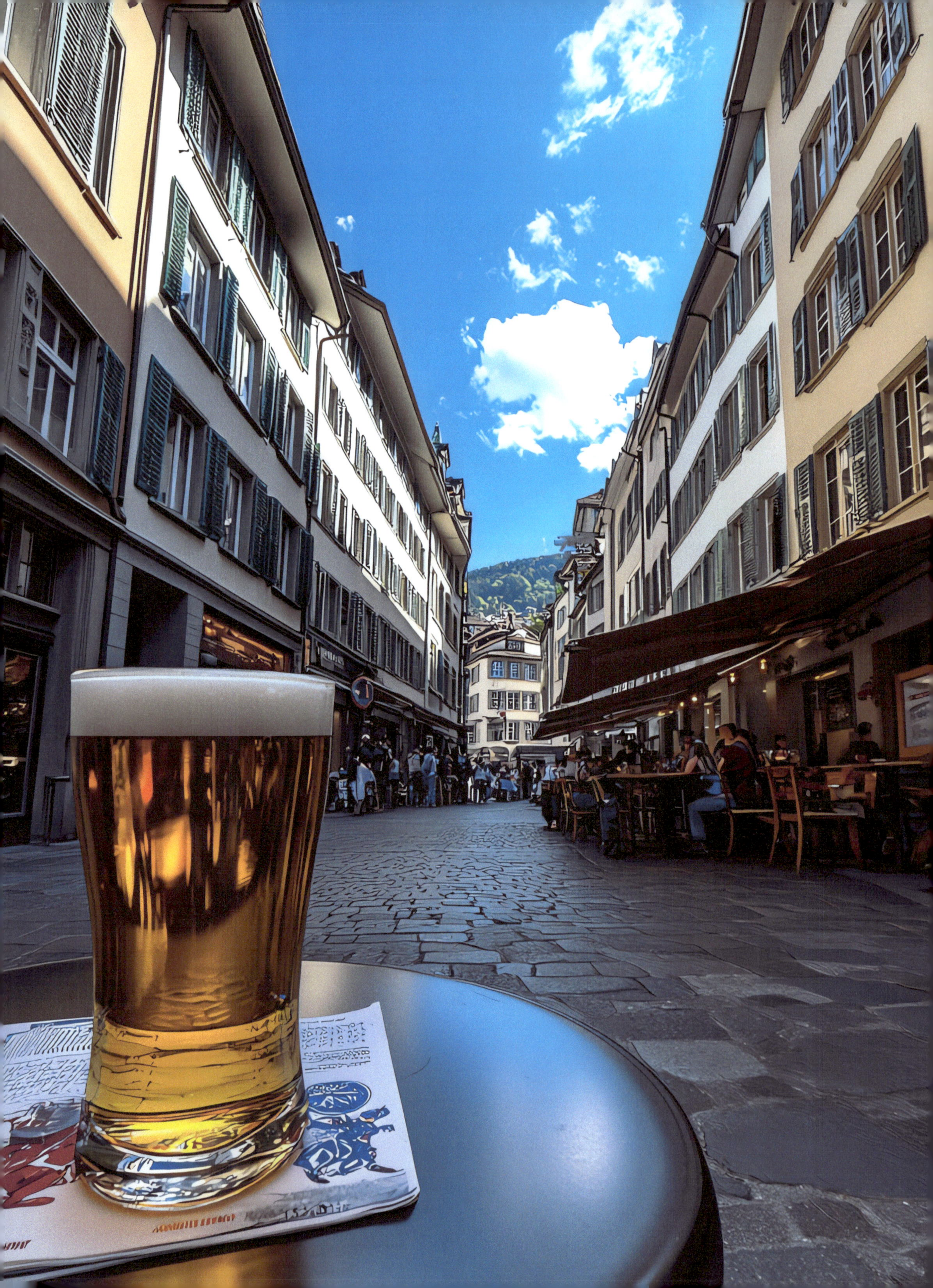

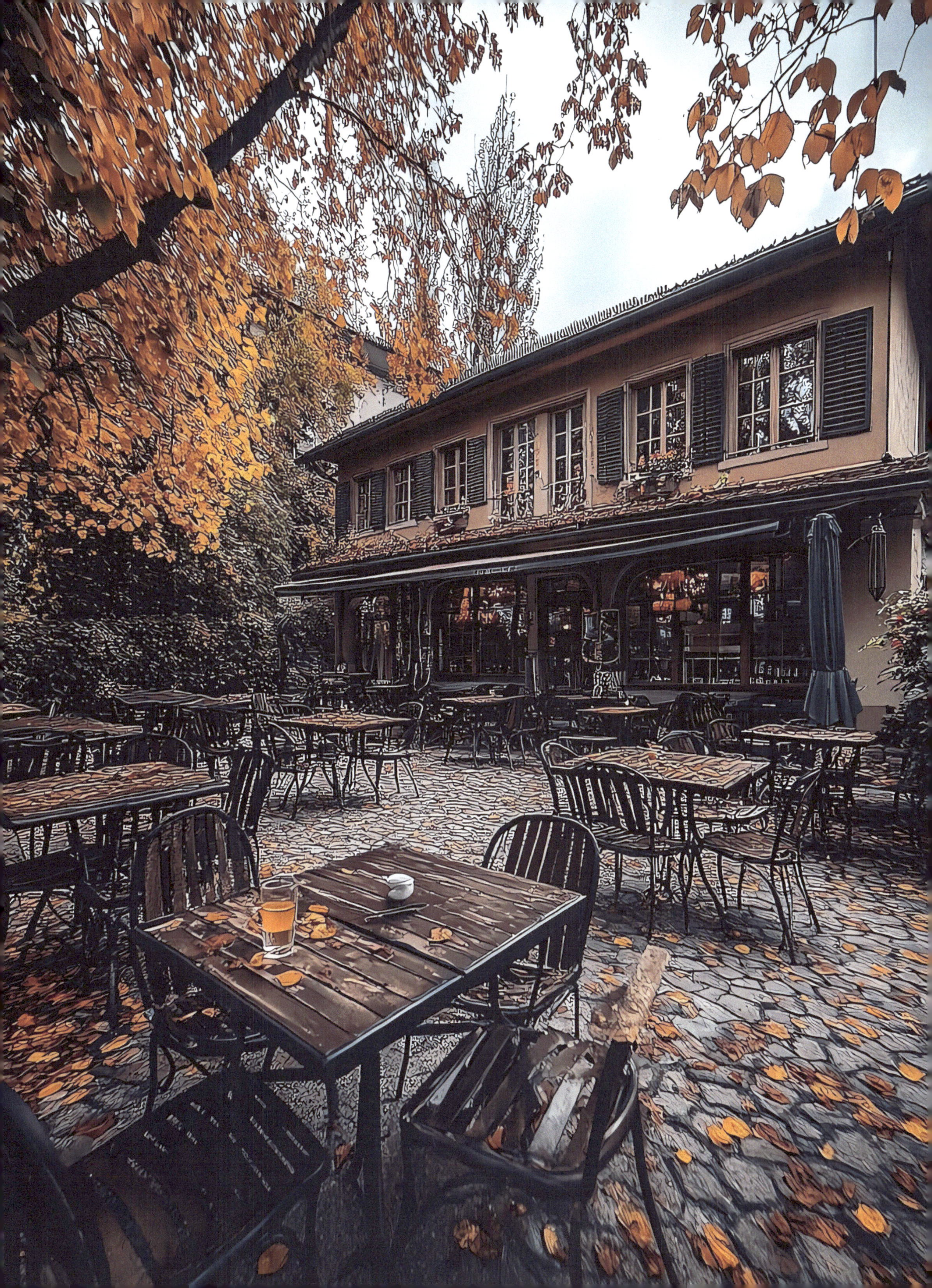

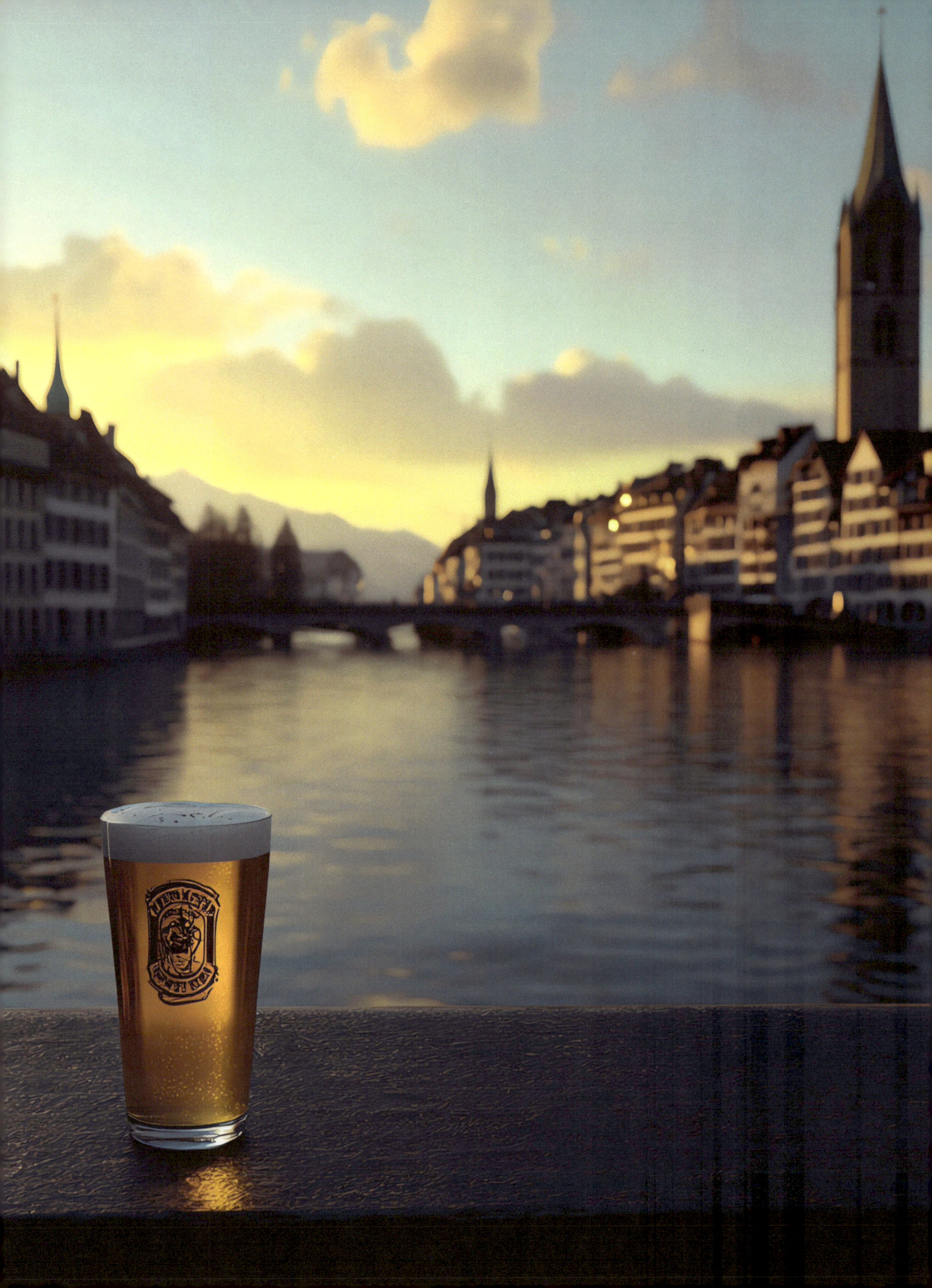

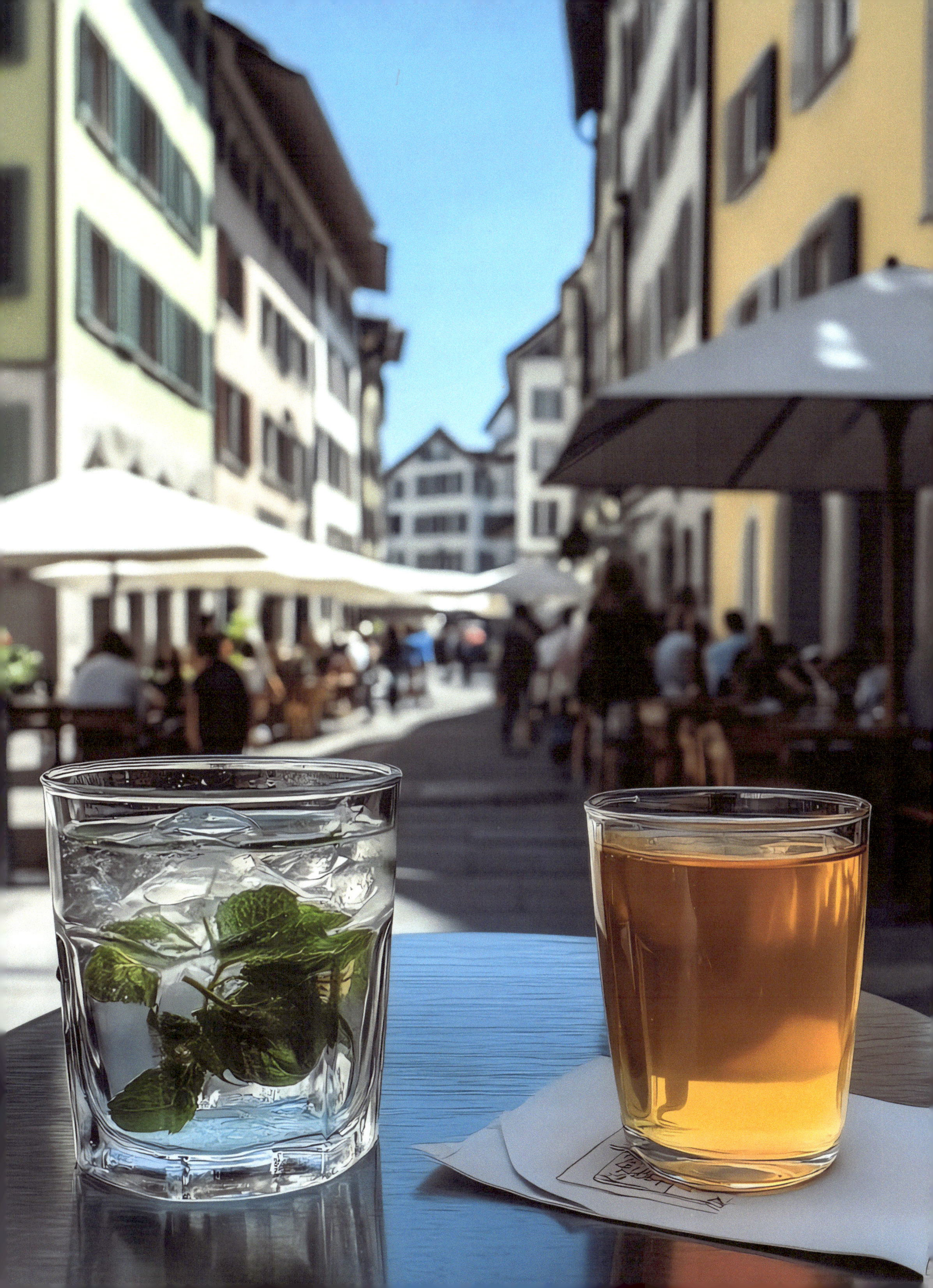

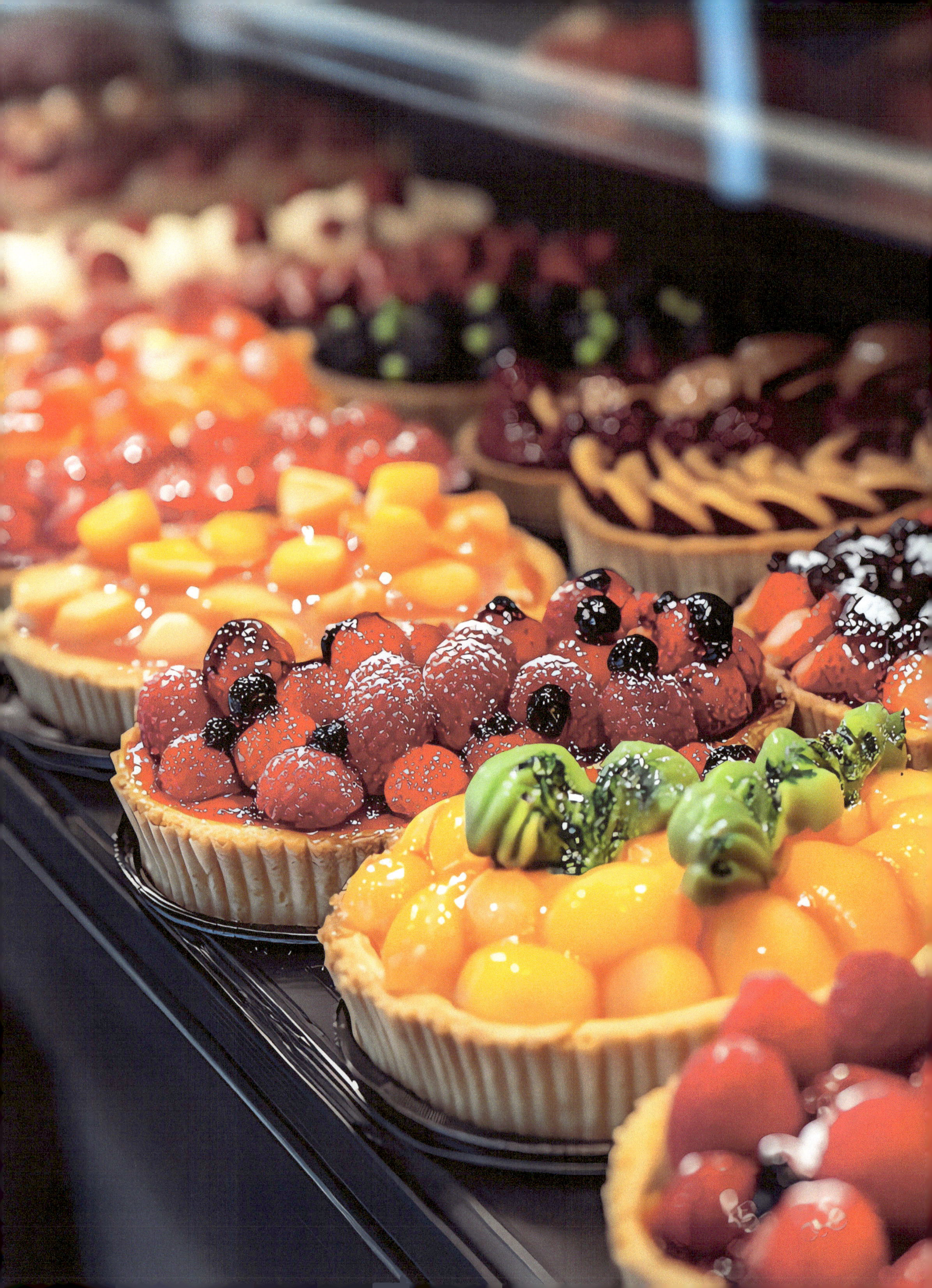

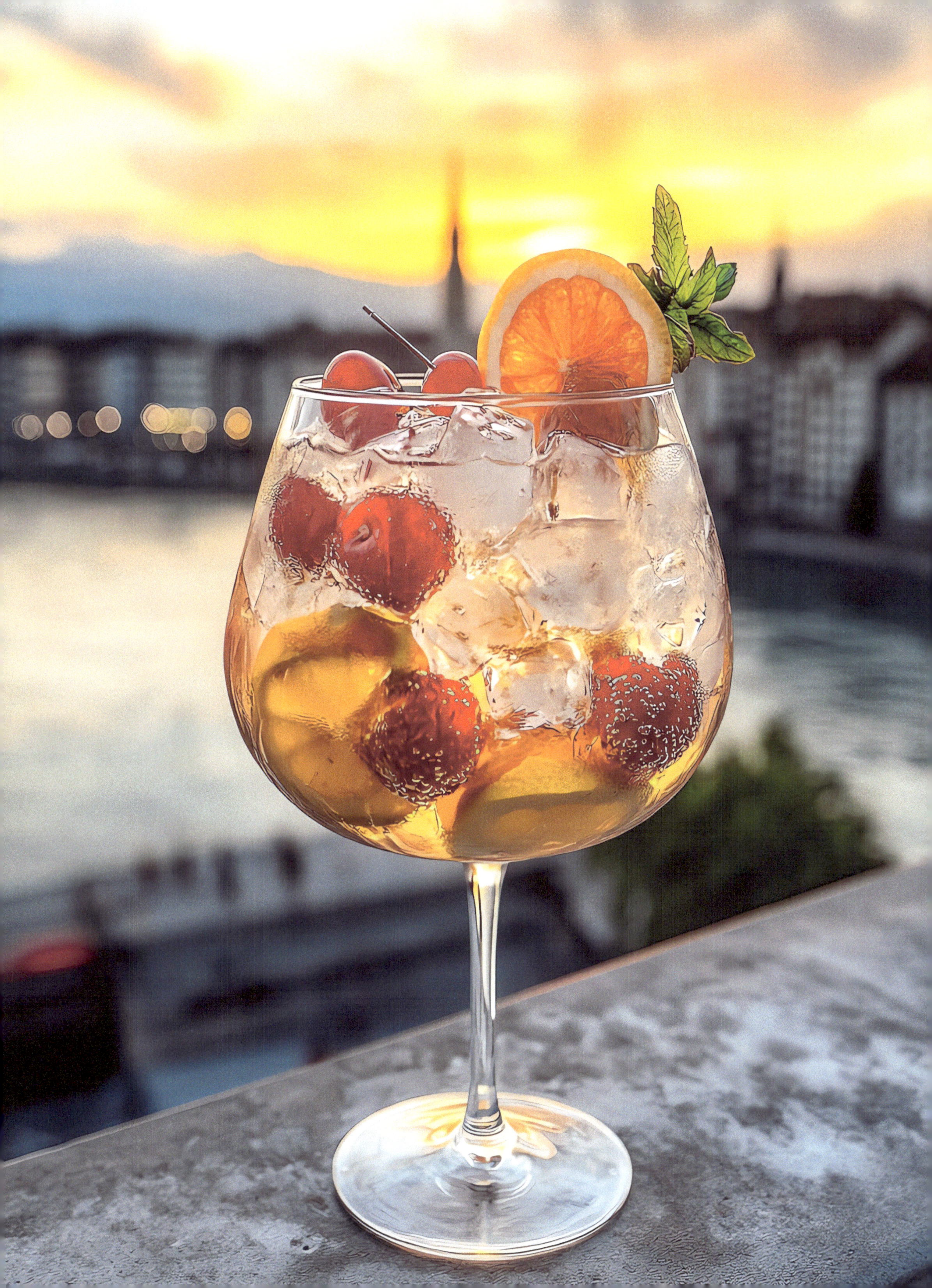

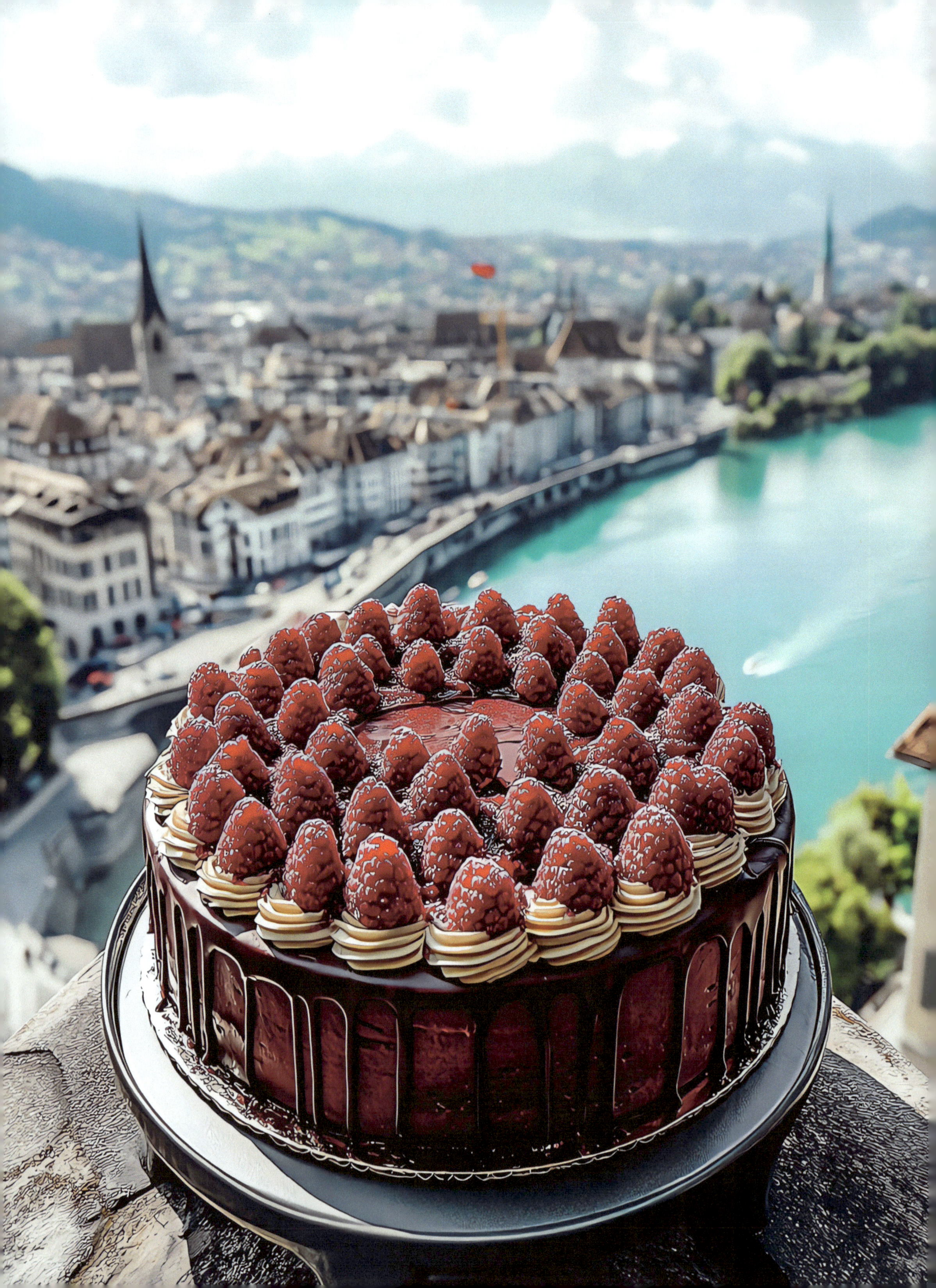

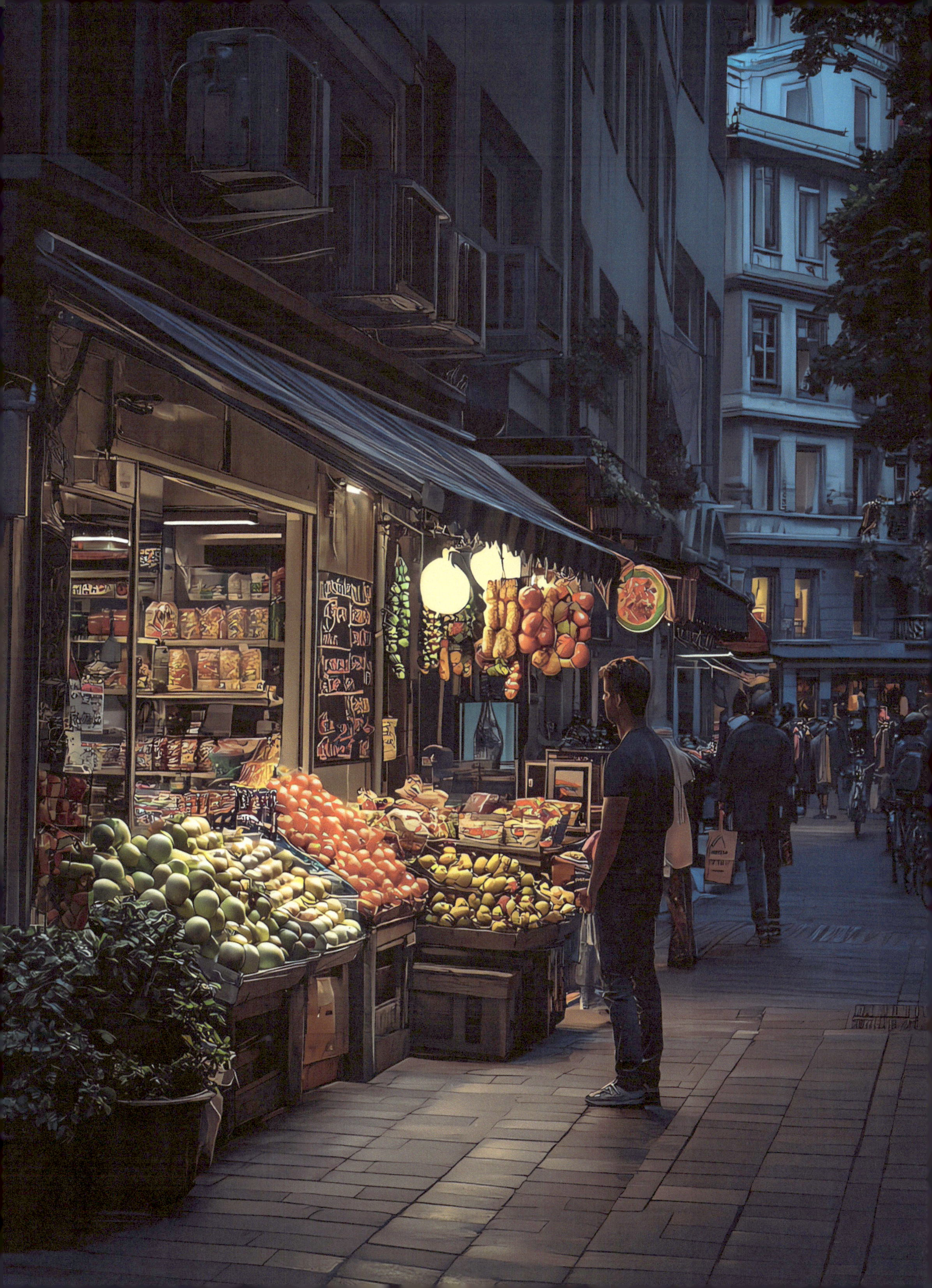

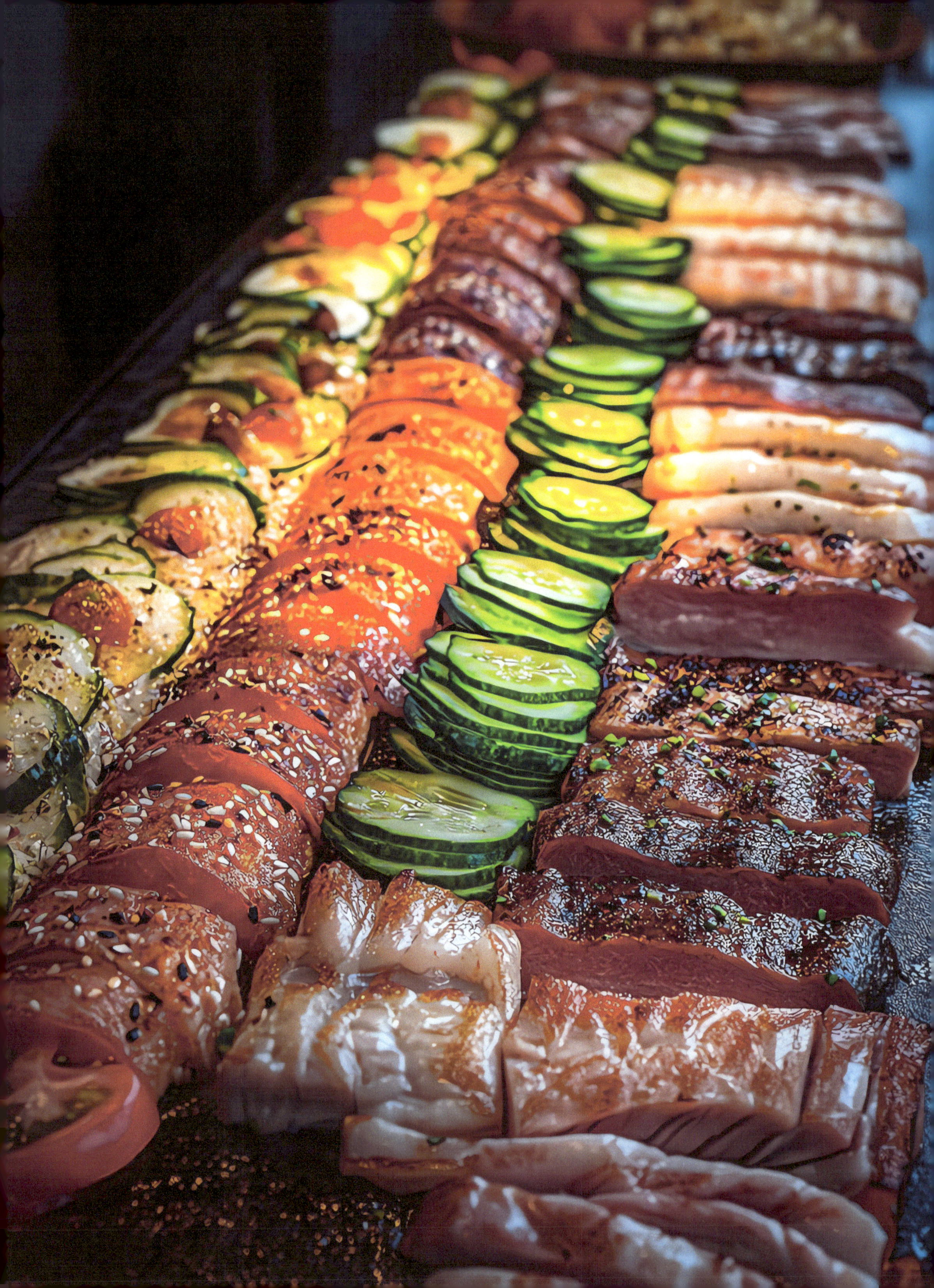

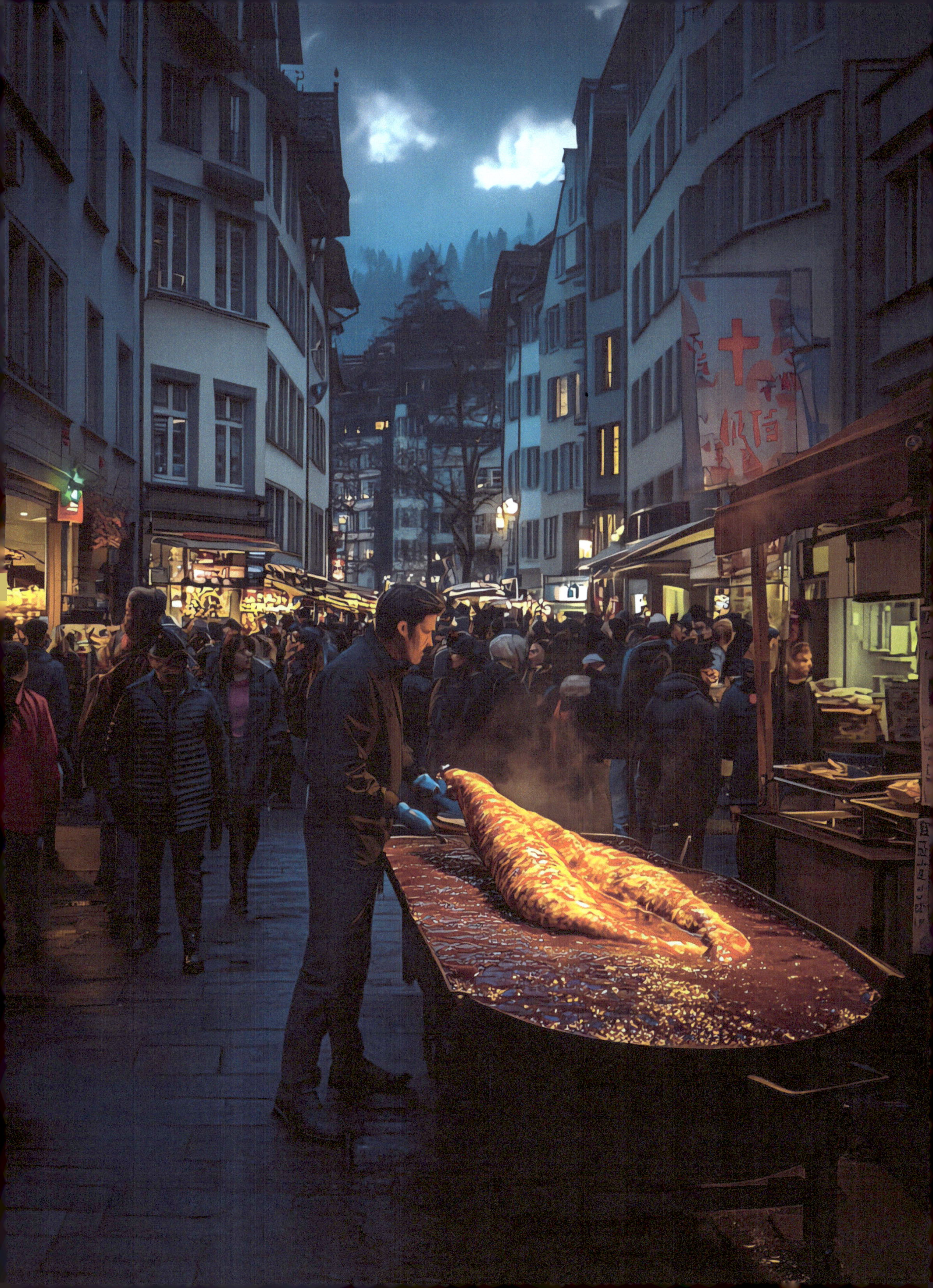

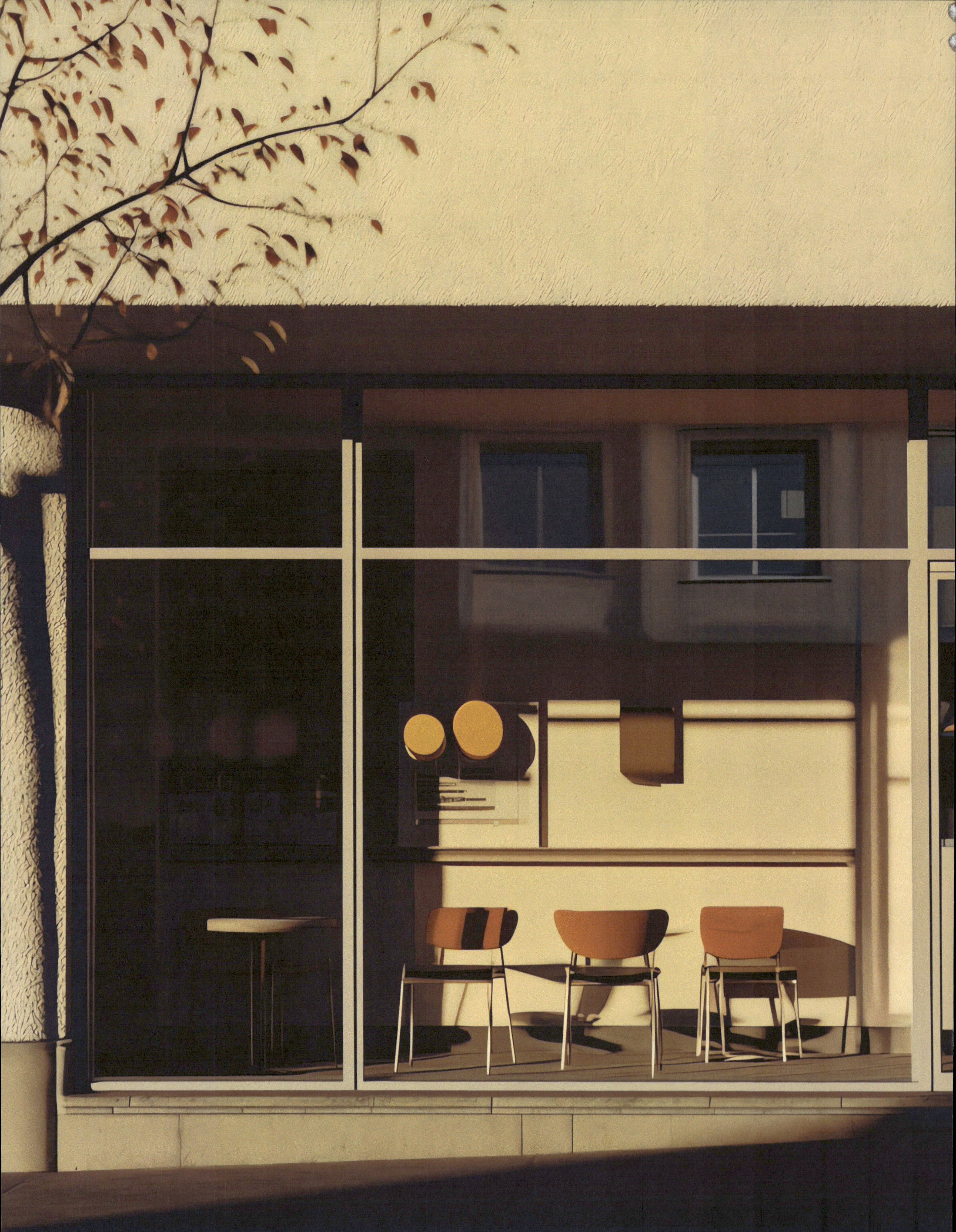

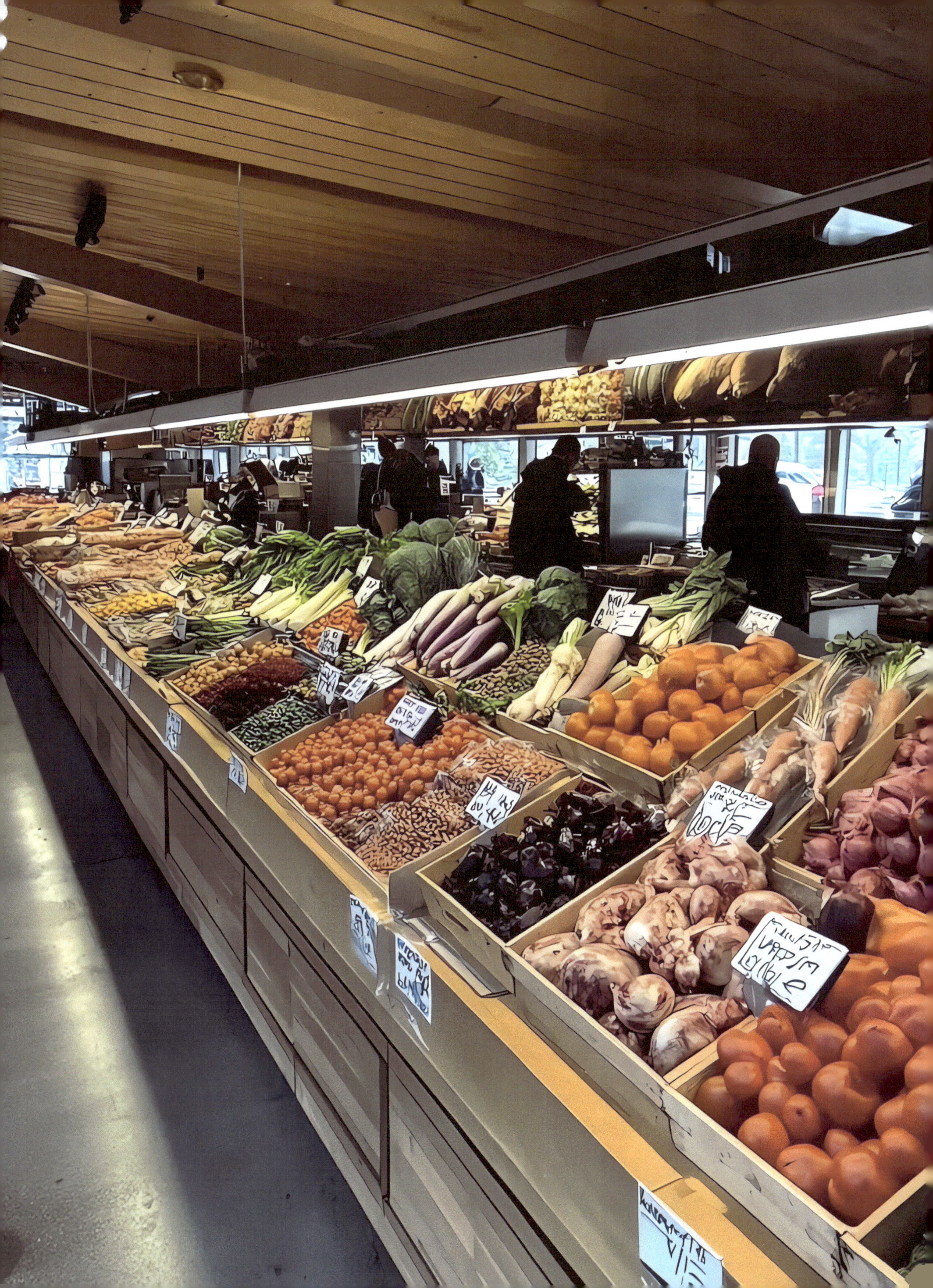

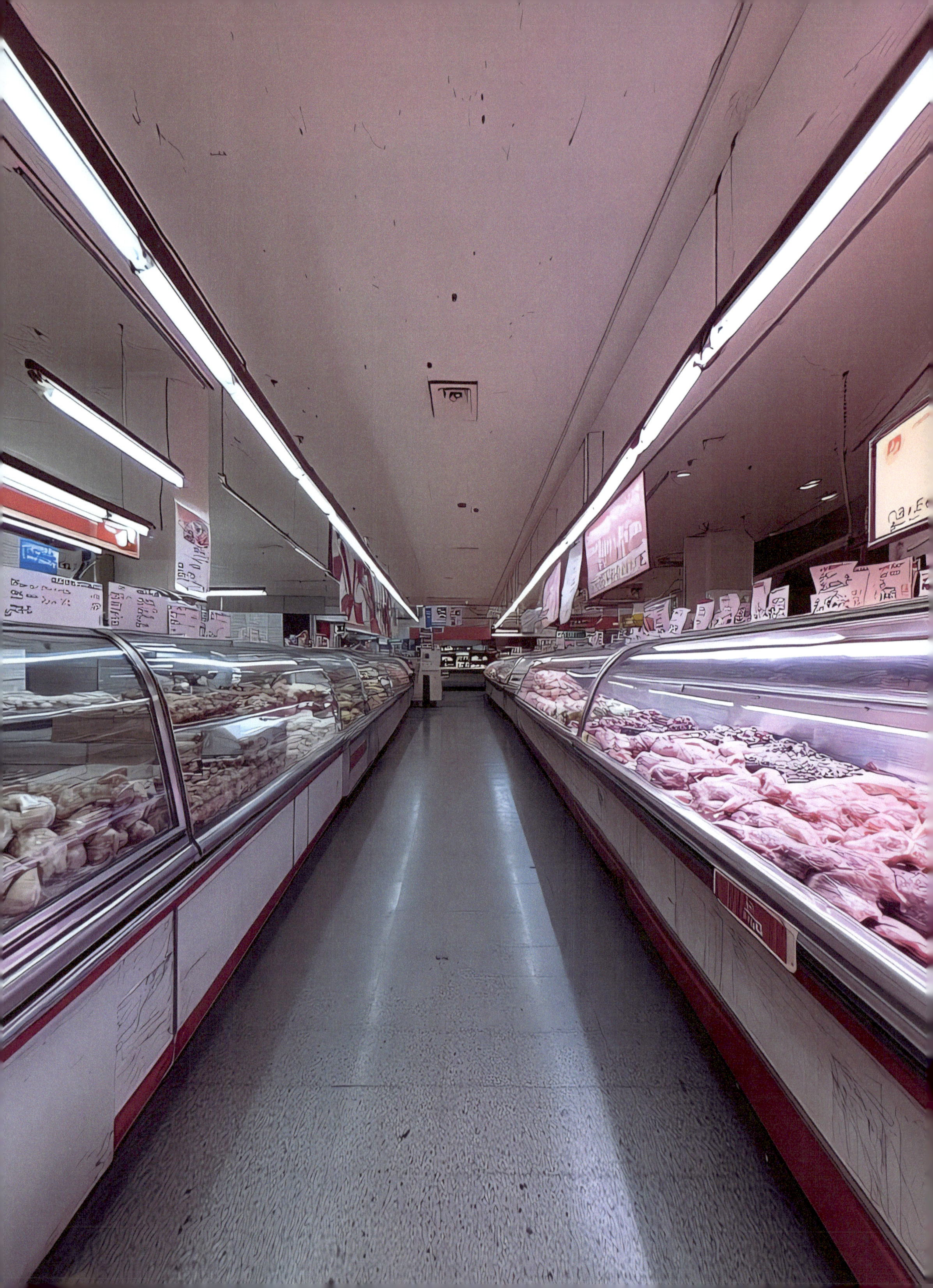

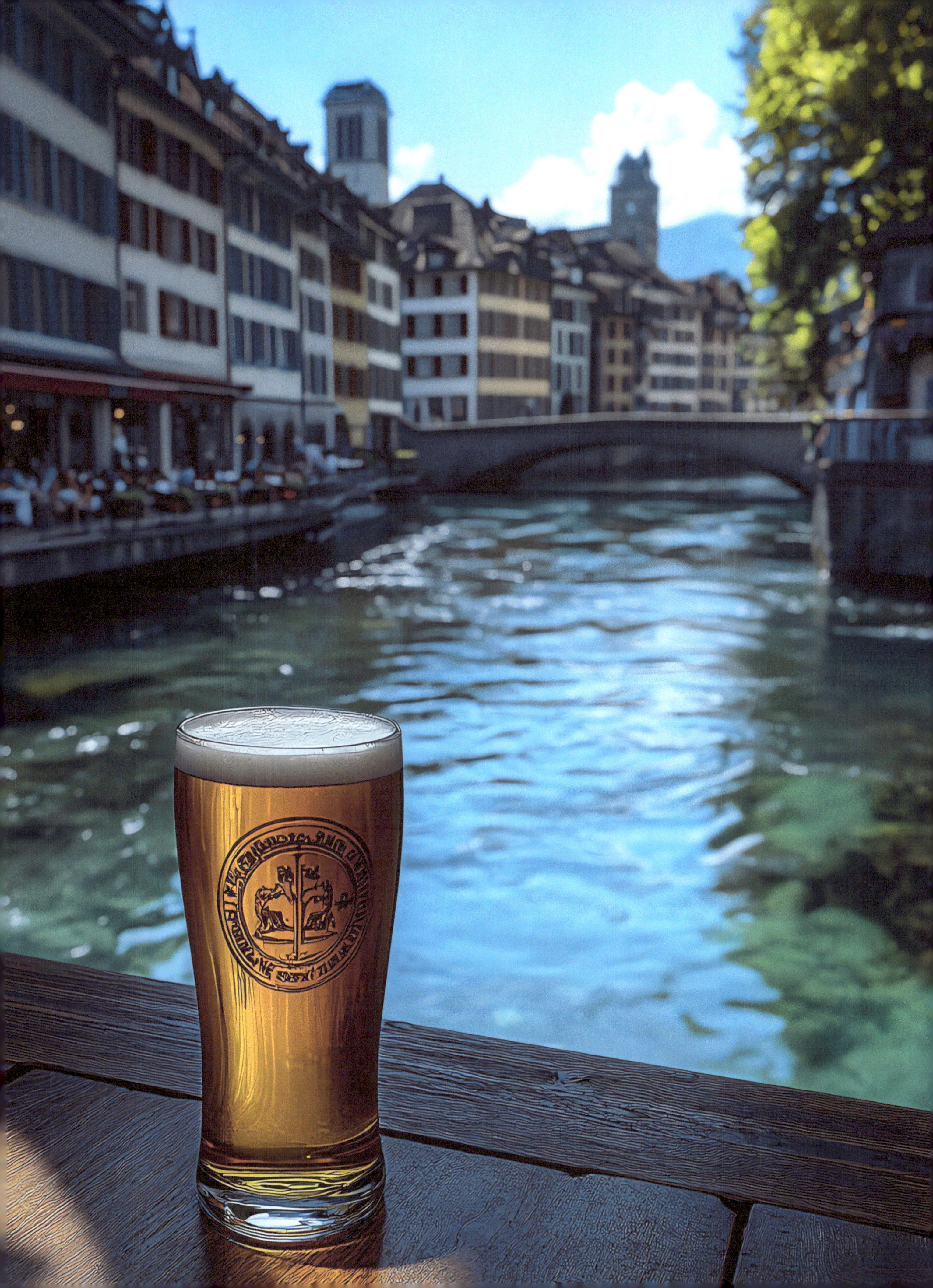

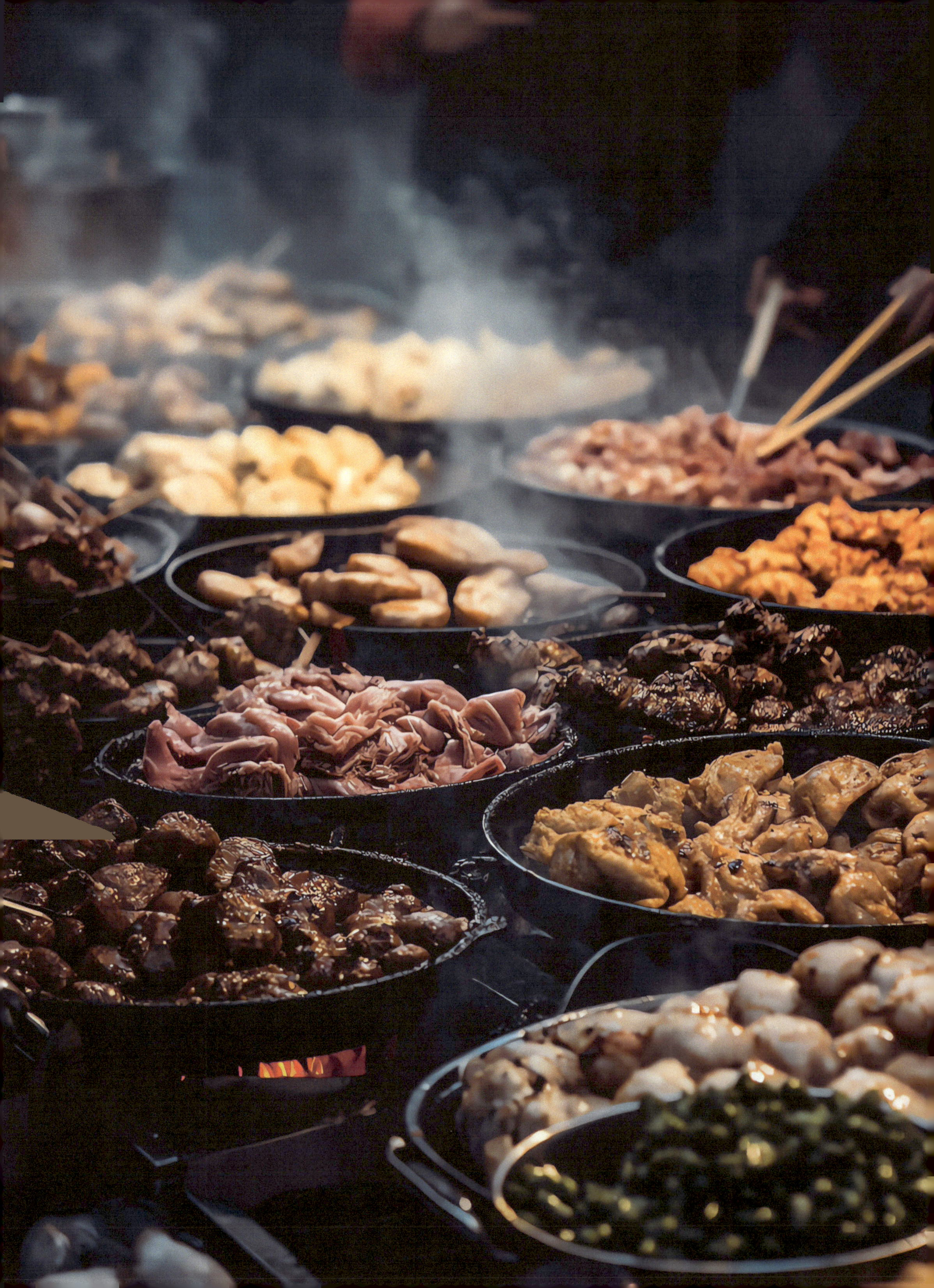

www.ingramcontent.com/pod-product-compliance
Lightning Source LLC
Chambersburg PA
CBHW040433220526
45473CB00004B/1427
* 9 7 9 8 3 0 3 3 6 9 7 7 1 *